Anacharsis Clootz.

Ein historisches Bild aus der französischen
Revolution von 1789.

Dargestellt

von

Dr. Carl Richter.

Springer-Verlag Berlin Heidelberg GmbH 1865

ISBN 978-3-662-38644-6   ISBN 978-3-662-39500-4 (eBook)
DOI 10.1007/978-3-662-39500-4

Vorwort.

Mit der Schrift „Schiller und seine Räuber in der französischen Revolution" machte ich den ersten Versuch einer Darstellung der **Geschichte deutscher Männer in der französischen Revolution.** Der Beifall, welchen ich damit allenthalben gefunden, ermunterte mich zur Fortsetzung desselben und ich übergebe hiermit der Oeffentlichkeit die Geschichte eines Mannes, dessen Name in der französischen Revolution vielfach genannt, dessen ganzer Charakter aber nur selten eingehender gewürdigt worden ist.

Die Herausgabe eines Staats- und Gesellschaftsrechtes der französischen Revolution von 1789—1804 hat die Veröffentlichung dieser kleinen historischen

Arbeit verzögert. Sie wurde darum durch das Erscheinen eines umfangreichen französischen Werkes von
Georges Avenel über denselben Gegenstand über-
holt. Ich brauche den Vergleich meiner Arbeit mit
jener des Franzosen nicht zu scheuen. Avenel betrachtet seinen Helden von einer ganz andern Stand-
punkte als ich. Er schreibt eine Geschichte der ersten
Jahre der französischen Revolution und drängt nur,
fast wie nebensächlich den preußischen Baron von Zeit
zu Zeit in den Vordergrund. So schwillt sein Buch
zu zwei dicken Bänden an, in denen sich Anacharsis
Clootz wie eine günstige Gelegenheitsfigur bewegt,
die natürlich um so mehr verschwindet, jemehr die Ereignisse innerhalb welcher sie steht, hervorgedrängt werden. Ich habe die Ereignisse der Revolution nur
wie den Hintergrund meiner Darstellung betrachtet
und legte alles Gewicht allein auf die geistige Ent-
wickelung meines Helden, um eben durch die Darstellung derselben seine eigenthümliche und vielfach inter-
essante Stellung in jener denkwürdigen Zeit zu erklären. Die Erlebnisse des sonderbaren Mannes, dessen

Geschichte ich eben darstellen wollte, erschienen mir fast verschwindend klein vor den Irrfahrten seines Denkens und Fühlens. Jene haben wenig beigetragen Clootz zu dem zu machen, was er war. Diese aber haben ihn zu einer historisch merkwürdigen Erscheinung gemacht, waren sein Kennzeichen unter seinen Zeitgenossen, sind ganz allein sein eignes, wahrstes Wesen und haben allein noch einigen Werth für die Vergangenheit.

Und darauf nur richtet sich meine Schrift und ich hoffe, daß es mir gelungen ist, aus den verstäubten und wahrlich nicht für Jedermann lesbaren Büchern des armen Barons, ein klares Bild von ihm zu entwerfen.

Berlin, im Juli 1865.

Carl Richter.

Inhalt.

Einleitung.

———

Es ist das traurige Schicksal aller Renegaten, daß sie im Laufe der Zeit der Vergessenheit verfallen und fast mit Gewalt in dieselbe gedrängt werden, selbst wenn sie viel des Großen und Tüchtigen geleistet, viel des Wahren und Guten gedacht haben. Das Vaterland, dem sie abtrünnig wurden, schämt sich ihrer, weil es von ihnen verachtet und verlassen worden; der Staat, den sie als neue Heimath gewählt, sieht in ihnen doch dauernd nur Fremde, deren Treue er bezweifelt und in deren aufrichtige Liebe er immer Mißtrauen setzt. Wie der Hauptmann einer Kriegsschaar die Ueberläufer an die Tête im ersten Kampfe stellt und größere Heldenthaten von ihnen begehrt als von jedem andern, so fordert die Nation von einem Fremden, der sich in ihre Mitte drängt, mehr Vaterlandsliebe und nationale Begeisterung als von ihren eignen Kindern und in dem Augenblicke in dem sich ein Zweifel in ihre Ueberzeugung mischt, richtet sie nur nach diesem, und verdammt sicher darnach ebenso schnell als ungerecht. Reißt das Schicksal oder der

Tod einen solchen Mann aus der Mitte seiner Zeitgenossen,
dann verhüllt man mit eiligen Händen sein Andenken, seine
Thaten und Gedanken schrumpfen in den hohlen Schall
seines Namens zusammen und oft bleibt nichts als dieser
der Nachwelt. Wie eine matematische Formel überliefert
diesen eine Hand der andern, jeder glaubt genug zu
wissen und gethan zu haben, wenn er diesen zu nennen im
Stande und ist befriedigt, wenn er mit ihm das sogenannte
feststehende Urteil wieder erhärtet ebenso wie wenn er bei
einem Rechenexempel mit der „ausgemachten" Formel das
„ausgemachte" Resultat wiederfindet.

Die Geschichte hat für diese Wahrheiten viele Bei=
spiele aufbewahrt. Wenn sie aber im vollsten Umfange er=
härtet werden können durch die Schicksale eines Mannes
der neuen Geschichte Europas, so ist es gewiß durch die
Geschichte jenes Helden der französischen Revolution, dessen
Denken und Wirken inmitten dieser großen Zeit ich in dem
Folgenden mit mehr Theilnahme und Gerechtigkeit darstellen
will, als es bisher geschehen.

Es gibt kein Werk über die französische Revolution,
welches nicht auf einer oder der andern Seite den Namen
des Freiherrn von Clootz nennen würde, zumeist ausge=
schmückt mit einem Ausbruch der wilden Phantasie dieses
Revolutionärs. Aber es gibt auch kein Werk, das eben
mehr als dieses thäte. Selbst Lamartine, der sich in sei=
nem Werk „die Girondisten" doch ganz behaglich in den
Geschichten und Geschichtchen der Weltgeschichte erging,

fand kein Interesse an dem deutschen Edelmann, dessen
intimen Beziehungen zu den Helden jener Partei, doch man=
ches Anekdötchen bot, welches dem historischen Roman des
gefeierten französischen Dichters zur pikanten Ausschmückung
hätte dienen können. Freilich hatte Lamartine ebenso wie
viele andere Geschichtschreiber der französischen Revolution
weder Lust noch Zeit die verstäubten Werke, in denen zumeist
die Wünsche und Hoffnungen jener denkwürdigen Periode der
Weltgeschichte in unmittelbarer Frische niedergelegt sind, zu
lesen und zu prüfen. Und vor allen wird aus diesen Quel=
len allein die Geschichte unseres Helden geschrieben werden
müssen, da sein Leben und Wirken verschwindend ist gegen
sein Denken und phantasieren. In einer weiten Ferne sah
er das Ziel seines Lebens, er ahnte, daß er es nie erreichen
werde und fand in dieser Ahnung die eigentliche Aufgabe
seiner Kräfte. Ausgedacht muß die große Arbeit werden,
welche dem Menschengeschlecht in der Weltgeschichte gesetzt
ist, vorbereitet muß sie jetzt nur werden — eine andere Zeit
als die ist, welche das Geschlecht gerade durchlebt, wird mit
gewaltiger Schnelligkeit die That schaffen und Erfüllung
bringen.

In der Masse von Brochuren, Pamphlets, Schriften
und Schriftchen, die von ihm herrühren, muß man die
Thätigkeit und Bedeutung dieses Mannes suchen. In ihnen
allein, nicht in den Ereignissen der Zeit, die er durchlebte,
kann mit allein wahren Zügen das Gebiet seines Denkens
und Wirkens, wie er es selbst gekennzeichnet und der Nach=

welt überliefert, wieder erkannt werden. „Es ist nicht mit dicken Büchern," schreibt er selbst, „womit man Revolutionen macht; die größten Werke Payne's und Siéye's haben kaum 100 Seiten, und diese Werke haben zwei Welten umgestürzt." Und um beizutragen zur vollständigen Vernichtung der einen eingestürzten Welt, der europäischen, schrieb er für die Journale, die damals die öffentliche Meinung bildeten und beherrschten. Die Zeitungen Brissot's, Camille Desmoulins, der Orateur du Peuple, die Gaçette universelle, alle revolutionären Blätter waren voll von den Ideen und Phantasien des Redners des Menschengeschlechtes und was mehr als das war, alle forderten die Thätigkeit dieser Feder, die mit solchem Eifer und solcher Leichtigkeit eine unbezähmbare Fluth revolutionärer Begeisterung über die Lekturebedürftige Bevölkerung von Paris ausströmte. „Die Boutiken aller Buchhändler," erzählt Gallois, „waren tapezirt mit dem, was einige die Schwärmereien, andere die weisen Prophezeihungen des Anacharsis Cloot nannten."

Die Lehrjahre.

Nicht einen Augenblick, in Mitten des Weltkampfes, den die französische Revolution entzündet, in Mitten der geistigen Größe, die sich in diesem Kampf entfaltete, der gewaltigen Ideen, die wie ein neuentdecktes Gestirn am Himmel der Weltgeschichte erschienen, nicht einen Augenblick verleugnete Anacharsis Cloot in dieser mächtigen Zeit sein innerstes Wesen, seine Natur und seinen Karakter. Der Mann war das klare Resultat seiner Erziehung und lange vorher, ehe die französische Revolution ihn auf den Schauplatz der öffentlichen Thätigkeit berief, war er vollendet und fertig. Das Kind nahm mit Begierde mehr des Wissens und Erkennens in sich auf, als er im Stande war mit der Kraft des Geistes zu verarbeiten, der Jüngling raffte mit begierigen Händen alles zusammen was ihm das Leben bot, ohne Zeit und Verständniß genug zu haben, den Strom der Erfahrungen als befruchtendes Element in den Garten des Lebens zu leiten, der Mann glaubte nach seiner Vergangenheit nichts anders thun zu können als die gereiften Früchte vom Acker der Erziehung einsammeln zu müssen. Das Kind ward getäuscht durch seine Lehrer, der Jüngling täuschte sich selbst durch seine überreife Phantasie, der Mann ward blind gegen sich und hielt das wüste Gebiet seines Bewußtfeins und seiner Erkenntniß für den nur gährenden aber lebenskräftigen Stoff einer neuen Welt.

So war der Knabe sich selbst schon ein Jüngling nach den Schätzen des Wissens, der Jüngling ein vollendeter Mann nach dem Maaß der Erfahrung, der Mann aber glaubte sich nach Hoffen und Wollen das Menschengeschlecht selber und nannte sich seinen Gesandten, seinen Vertreter und Redner.

Jean Baptist Clootz wurde 1775 auf der väter= lichen Besitzung im Gnadenthal nahe bei Cleves geboren und stammte nach seinem Großvater aus einer holländischen Judenfamilie, welche durch ihre Thätigkeit große Reichthü= mer und endlich den Adel erworben hatte. Durch seine Geburt einem halb bürgerlichen, halb adeligen Geschlecht angehörig, wurde er durch seine Erziehung und die reichen Mittel die ihm zu Gebote standen, frühe in die beste Ge= sellschaft eingeführt und mit dem Adel des Geistes, der in jener Zeit glänzte, bekannt und vertraut. Sein Oheim, der Philosoph und Geschichtsforscher Cornelius de Pauw, wandte die Liebe, die er dem Vater Clootz schuldete, der ihn in seiner Jugend viel genützt und in seiner Erziehung reichlich unterstützt hatte, dem Sohne zu. Wenn in dem Karakter und der Handlungsweise des jungen Barons nur wenig die Einwirkung dieses Mannes zu erkennen ist, so tritt aus seinen Schriften und wissenschaftlichen Forschun= gen doch unverkennbar die Art und Weise seines ersten Er= ziehers hervor. Mit Begierde verschlang der Knabe das

Werk seines Oheims, die philosophischen Untersuchungen
über die Amerikaner (Récherches philosophiques sur les
Américains 1768—1769) und begrüßte mit Freuden die
Aufforderung, die in Folge dieses Werkes Diderot und
d'Alembert an Pauw zur Mitarbeitung an den Nachträ=
gen der Enziklopädie ergehen ließen. Die scharfe Kritik
und Wiederlegung, welche die Werke Pauw's in Deutsch=
land fanden, berührten den phantastischen Knaben wenig.
Kaum 11 Jahre alt, war er von seiner Familie nach Paris
zur Vollendung seiner Erziehung gesandt worden und ent=
fremdete unter den Einflüssen französischer Bildung Herz
und Geist dem Volke, dem er nach seiner Geburt angehörte.
Zur Beurteilung der Bedeutung seines Oheims und dessen
Werke blieb ihm nichts als der Mangel eigener Kritik und
die Bewunderung mit der die Enziklopädisten Pauw über=
häuften.

Daß diese die Mängel und Fehler der wissenschaftlichen
Forschungen Pauw's, welche in Deutschland zur selben Zeit
durch die Wiederlegungen Hain's, Jakobi's und anderer
mit aller Schärfe deutscher Kritik aufgedeckt wurden, nicht
erkannten, lag an der Gleichheit der Mängel und Fehler,
welche allen Enziklopädisten längst nachgewiesen worden sind.
Ihnen allen fehlte die ruhige Besonnenheit, welche der
Einbildungskraft bei wissenschaftlichen Forschungen eine stets
feste Grenze setzen muß. Auf Nichts oder schlecht verstandene
Weisheit gründeten sie die Meisten ihrer Behauptungen,
mehr Zweifel mußten sie zu erregen als zu lösen und das

Babel der Wissenschaft, wie Chateaubriand jenes wun=
derliche Werk französischen Geistes, die Enziklopädie, nennt,
krankt an denselben Fehlern, welche man den Werken
Pauw's vorwarf und die den talentvollen Neffen in das
Labyrinth der Täuschungen und Irrthümer führten, aus dem
es endlich keine andere Befreiung gab als die Guillotine.

Mehr als irgendwo treten jene Gebrechen bei Pauw
in seinen philosophischen Untersuchungen über die Griechen
(Récherches philosophiques sur les Grecs 1787), einem
seiner Zeit viel gelesenen und viel genannten Werke, her=
vor. Hier vor allem entfaltet er die Art und Weise seiner
Darstellung, die in mehr oder weniger größerer Ausar=
tung in alle Schriften Cloot' übergegangen ist. Weil er
mehr auf die Sache als auf die Form hielt, stürmte er mit
einer Fülle maßloser Ausdrücke über das Gebiet seines
Stoffes und der Styl, wenn auch kräftig und beredt, stößt
dennoch den Leser durch seine Fremdartigkeit zurück und ist
durch den schneidenden und absprechenden Ton nur geeignet
mit Mißtrauen und Zweifel zu erfüllen. So aber grade
sagte er dem wilden Geiste des Neffen zu und wurde das
Muster der Werke desselben.

Der gefeierte Name Pauw's und die Empfehlungen
des gelehrten Oheims brachten Clootz kaum als er die
Kinderschuhe abgelegt und die Schulbänke des Seminars,
in dem er mit Lafayette, seinem Cousin Montesquiou
und andern in der Revolution später berühmt gewordenen
Männern erzogen wurde, verlassen hatte, mit den hervor=

ragendsten Männern der französischen Wissenschaft und der
pariser Gesellschaft in Verbindung. Der stets volle Geld=
beutel des Herrn Barons mag auch das Seinige dazu bei=
getragen haben, besonders im Kreise der frivolen, genuß=
süchtigen und interessirten Enziklopädisten. So in der
Gesellschaft jener Männer, welche den Geist der Zeit be=
herrschten, verfiel auch Cloot bald ihrer Macht und wurde
nach zwei Richtungen hin ihr begeisterter Schleppträger.

Der Jesuitismus hatte in Frankreich jene Sophistik er=
zeugt, welche die Philosophie des 18. Jahrhunderts in diesem
Lande so scharf kennzeichnet. Man wollte mit ihr zuerst
die Laster der katholischen Kirche zerstören, die nirgends
greller ans Tageslicht traten als in Frankreich und ver=
nichtete in diesem Kampfe den Ernst und die Heiligkeit des
Glaubens. Witz und Spott thronte auf den Altären und
der Hohn war ihr Priester. Aber nicht hier liegt die größte
Gefahr der Religion nicht im Leugnen und Verachten; der
Wahn, eine neue Schöpfung an die Stelle des Zerstörten
in einem Augenblick, nach Laune und Gefallen setzen zu
wollen, das ist immer ihr mächtigster Feind. Die Enziklo=
pädisten ebneten die Bahn dafür in jener Zerstörung aller
positiven Wahrheiten, in der Voltaire ihr großer Meister
war. Aber sie alle leisteten doch nichts mehr, als jener
Pfarrer, der ferne von Paris in aller Verborgenheit lebte
und, mit dem Fluch im Herzen gegen das Christenthum,
dennoch bis an's Ende seines Lebens seinen priesterlichen
Pflichten treu blieb. Meslier war es, der mit aller Er=

bitterung des Zweifels, den er aus Descartes, Bayle
und Montaigne eingesogen, in seinen Schriften zuerst die
Lehren des Christenthums bis auf ihre letzten Gründe an=
griff und zu zerstören suchte. Nach dem Tod des schweig=
samen Philosophen (1700) hörte Voltaire von den zurück=
gelassenen Schriften desselben. Ohne ihnen damals irgend
welche Aufmerksamkeit zu schenken, kehrte er sich ihnen 30
Jahre später mit allem Eifer zu und benutzte sie als
Waffen gegen die wieder zur Herrschaft gelangenden Jesui=
ten und für die Vertheidigung seiner eigenen Philosophie.
Mit der Jahreszahl 1742 publizirte er 1762 Mesliers
sogenanntes Testament, das nun natürlich alsbald in einer
Reihe von Auflagen vergriffen wurde. Im ersten Theil
desselben werden alle religiösen Glaubenssätze der katholi=
schen Kirche mit bitterm Haß angegriffen, mit zersetzendem
Spott überschüttet; im zweiten lehrt der Verfasser seinen
eigenen Atheismus und Materialismus. Das Testament
ging selbst in die Werke Voltaires über, war der Revo=
lution von 1789 und der Zeit vor der Revolution des
Jahres 1830 abermals ein Leitfaden zur Begeisterung für
die bessere Zukunft, die man hoffte. Zündend durch seine
Darstellung und geschaffen für den Geist der Franzosen
wurde es mit schonungslosem Gleichmuth von den Philo=
sophen des 18. Jahrhunderts ausgebeutet und abgeschrieben.
Fréret, Holbach, Maréchal und andere ihrer Zeitgenossen
haben kein Eigentumsrecht an den Ideen über die Religion
die sie lehrten; alles davon gehört dem Testament Mesliers.

Zur selben Zeit mit diesem Buch, bestimmt zur Vernich=
tung, erschien Rousseaus Werk: Du Contrat Social,
bestimmt eine neue Welt zu lehren und aufzubauen. Hier
kämpft der Messias der französischen Revolution gegen
Bayle, den Lehrmeister Mesliers, und seine Weisheit, daß
gar keine Religion dem Staate nützlich sei und setzt ihr die
historische Wahrheit entgegen, daß zu allen Zeiten die Re=
ligion auch eine Basis der Staatsgesellschaft gewesen. Hier
aber bestreitet er auch Marburton und dessen Behauptung,
daß die christliche Religion die beste Stütze der Staaten
sei und stellt sich ihm mit der der Zeit angenehmen An=
schauung entgegen, daß einer kräftigen Staatsverfassung diese
eher schädlich als nützlich werden müsse. Aber Rousseau
bleibt bei der Critik nicht stehen. Er läutert nur seine An=
schauung durch die Prüfung der Verhältnisse der Religion
gegenüber dem Staat. Er sieht eine Stellung derselben
in den Lehren der antiken heidnischen Religionen, es ist die
Religion der nationalen Gemeinschaft. Eine andere Art
ist jene, die ihm gar nichts taugt, weil sie zwei Gesetzge=
bungen, zwei Häupter, zwei Gemeinschaften will. Es ist
die Religion des römisch=katholischen Christentums und jene
der Lama und Japanesen. Dann aber giebt es eine Re=
ligion ohne Tempel, ohne Altäre, ohne Ritus, eine Religion,
bestehend nur in der persönlichen Verehrung Gottes und
der ewigen moralischen Gesetze: die individuell menschliche!
Das ist die einfache Religion des Evangeliums, der wahre
Theismus, — das göttliche Recht der Natur.

2*

Das war ein Wort, das gegenüber der Frivolität
Voltaires und der Afterphilosophie der Enziklopädisten, wie
ein Blitzstrahl zündete. Am Busen der ewigen Natur konnte
ein kühnes Geschlecht, das zum Träger einer gewaltigen
Revolution wurde, auch die Glückseligkeit des Glaubens
finden, die es bei allem Spott noch nicht für ein holes
Wort opfern wollte, — wie es im Reich der Natur die Hoff=
nung jener Freiheit nährte, die auch die Philosophie zuerst
gelehrt und deren Prophet gleichfalls Rousseau gewesen.

Die Religionsstürme der französischen Revolution gingen
aus diesen geistigen Vorkämpfen hervor und mitten in ihnen
werden wir den deutschen Baron sehen, hoch oben auf den
Fluten der Zeit, jetzt die Fahne des Hasses gegen die ka=
tholische Religion schwingend, dann das Steuer führend
jener ausschweifenden Philosophie, die endlich zum Götzen=
dienste führte nachdem man den Gott geopfert. Er vor
allen nährte sein Herz mit einem bitteren Haß gegen die
katholische Kirche und gegen jede positive Religion, er aber
fühlte in sich auch den Beruf des Reformators, des Propheten
und Messias. Und so tritt er in die Zeit der Revolution
ein, die nach neuen Ideen mehr begierig war, als nach guten.

Die andere Richtung, die wir oben andeuteten und
in welcher Clootz zuerst auch von den Enziklopädisten be=
einflußt wurde, war die der Politik und Reformation der
Staaten und Völker. Die elende Mätressen=Wirthschaft
Ludwig XV. und die schwächliche Herrschaft Ludwig XVI.,
die das Gute wollte und stets das Schlechte that, gab allen

aufgeklärten Männern jener Zeit Stoff und Gelegenheit
genug den Absolutismus der Regenten anzufeinden, mit
Hohn und Spott zu überschütten. Aber was wichtiger war:
das Elend, das, aus der Verderbtheit der Regenten hervor=
gegangen, die Völker bedrückte und das offen vor Aller
Augen lag, gab auch ein heiliges Recht zum Kampf gegen
den Urquell desselben: gegen die Kronen und Throne. Wer
ein Feind derselben war, war ein Freund des Volkes, wer
sie bekämpfte, vertheidigte die Unterthanen derselben, wer
sie stürzen wollte, mußte die Nation auf den Thron erhe=
ben wollen. Was die Enziklopädisten nicht begriffen, wie
der Kampf, den sie erregten, in den nach Erlösung schmach=
tenden Gemütern beendet werden soll, das lehrte wieder
Rousseau. Und dort wo er nur begeisternd wirkte für die
Zerstörung dessen, was besteht, dort füllte Montesquieu mit
dem Geist der Gesetze den leer gewordenen Raum aus.

Fest wurzelten die Lehren dieser beiden Philosophen
im hoffnungsvollen Glauben des ganzen französischen Vol=
kes. Zu einer neuen Staatsordnung hatten sie sich gestal=
tet in den ersten Führern und Helden der, wie ein Mor=
genroth am fernen Horizont schon emporsteigenden Revo=
lution. Und der Jüngling, der mit glühender Phantasie
sich im Strome dieser Zeit tummelte, der Jüngling, der
nichts mehr von seinem deutschen Vaterlande wußte, als
daß es von einem Heer großer und kleiner Tyrannen ge=
knechtet und entwürdigt wird, aber dennoch so viel Liebe
demselben gewahrt hatte, daß er es mit für den Kampf

um die Freiheit begeistern und zum Genuß des früh ge=
träumten unvergänglichen Sieges herbeiziehen wollte, der
Jüngling steht als Mann mitten im Kreise jener Geister,
die die Revolution endlich wachriefen und nachdem sie er=
schienen, zuerst mit verwegenen Händen auch leiteten.

Das war ja die Gewalt der ersten Revolutionsjahre,
daß sie nicht von Knaben und Thoren, nicht von ehrgeizi=
gen und habgierigen Menschen getragen wurde, sondern
von Männern, die lange vorher wußten was sie wollten,
die fertig mit sich und ihren Hoffnungen waren. Darum
schlug die Zeit wie mit ehernen Füßen den Boden und
schritt mit unaufhaltsamer Macht vorwärts, mit unbeugsamer
Consequenz und mit unveränderlicher Siegesmiene. Mira=
beau und Siéyes wußten was sie wollten, die Girondisten
waren sich vollkommen klar über ihr letztes Ziel und wank=
ten erst, als sie die Zügel der Herrschaft ihren Händen ent=
wunden sahen, sie wankten und mußten darum vernichtet
werden. Robespierre siegte, weil er die letzte Consequenz
aus den Absichten, die er in der Constituante schon aus=
sprach und lange vorher geträumt hatte, weil er diese letzte
Consequenz in der Schreckensherrschaft zu ziehen sich nicht
scheute. Und so wie alle diese Männer, so begleitete auch
Clootz die Revolution von ihrer Geburtsstunde bis zu ihrem
Mannesalter, treu seinen Ideen, Phantasieen und Schwär=
mereien, die er längst vor der Revolution genährt, treu
selbst dem Wahnsinn, der ihn endlich stürzte, aber den nicht
die Ereignisse erst erzeugten, in denen er zur Herrschaft kam,

von dem er längst umschlungen, als er aus der still wirken=
den Begeisterung der Philosophie, die der Revolution vor=
anging, sich zum Lehrer und Meister emporhob.

Dann aber erst, als all die Männer gefallen waren,
die mit Glaubens= und Ueberzeugungstreue die Revolution
bis zum letzten Rettungsmittel hingeführt, zur „heiligen"
Guillotine, dann erst ward sie selbst ein Masken= und
Puppentanz, der von Schwachköpfen und ehrgeizigen Men=
schen geführt, plan= und gehaltlos auf der aufgewühlten
Erde des Vaterlandes dahintaumelte, bis die Gewalt der
Kanonen die wankenden Füße zerschmetterte und der Despot
die ohnmächtige Masse unter seinen allgewaltigen Willen
beugte.

Die Wanderjahre.

So, nicht von einer einzigen Hand geleitet, nicht von
dem überlegten Willen eines Meisters erzogen, sondern ge=
nährt und entwickelt vom Strome der Ideen der Zeit, so
zum Manne geworden, verließ Clootz durch das Erbe
seiner Familie ausgerüstet mit einer Jahresrente von mehr
als 100000 Liv., Frankreich, um durch weite Reisen den
Boden der Welt zu prüfen: ob er geeignet sei die Hoff=
nungen zu tragen, die er zum Heil der Menschheit, wie er
es dachte, lange in seiner Brust genährt. Er durcheilte,
von fieberhafter Hitze gejagt, halb Europa, überall Freunde

werbend, überall Genossen suchend seinen Ideen und refor=
matorischen Phantasieen. Die französische Philosophie un=
verarbeitet und ohne Kritik im Kopf, die Hoffnung auf
eine Revolution der europäischen Welt, genährt durch die
Freiheitskriege, die in derselben Zeit Amerika gegen Eng=
land kämpfte, im Herzen, trat er den Freunden, die er ge=
worben, den Neugierigen, die er anzog, gegenüber.

In Deutschland fand er zuerst den edlen Georg
Forster, dessen Weltreise wenige Jahre vorher die Auf=
merksamkeit der gebildeten Welt aller Länder erregt und den
deutschen Forscher mit den berühmtesten Männern Deutsch=
lands zu warmer Freundschaft verbunden hatte. Dohm
und Joh. von Müller standen mit ihm in innigen Be=
ziehungen, Tiedemann, Mavillon, Sömering schlossen
sich dem liebenswürdigen Gelehrten an, Jakobi und Lich=
tenberg standen ihm als Freunde treu zur Seite. Mit
diesen hatte sich Forster verbunden zur Herausgabe des
„Magazins der Wissenschaften und Literatur" und ward
dadurch hineingezogen in jene Schwärmerei, welche damals
die bedeutendsten Kräfte Deutschlands befangen hielt, von
der sich Forster aber vor allen frühzeitig wieder frei ge=
macht. In den glückseligen Träumereien drängte sich der
Geist aller Forschung, wie es Forster selbst, mit Bedauern
auf die Vergangenheit zurückblickend, schildert, nur Gott
nahe zu sein, in ihm alles zu schauen was in anscheinender
Unordnung vor dem menschlichen Auge liegt, den großen
Zusammenhang des Schöpfungsplanes zu erkennen, ein Ver=

trauter der Geisterwelt, ja selbst ein kleiner Halbgott, ganz
Herr der Schöpfung zu werden, alle die noch verborgenen
Naturkräfte zu kennen, ihnen zu gebieten und dies alles
durch die leichtesten Mittel von der Welt, durch grenzenlose
seraphische Liebe für das vollkommenste Wesen, innige Ver=
einigung im Geiste mit ihm, Selbstverleugnung nm der höch=
sten Gnade willen, Verachtung alles dessen was die schnöde
Welt hochachtet, Entsagung aller Eitelkeit, kontemplative so=
wohl als praktisch experimentirende Erforschung der Natur.

Während in Frankreich auf der Basis des starrsten
Realismusses die Erinnerung der Welt erhofft und ange=
bahnt wurde, suchte die deutsche Gelehrtenwelt in der
Schwärmerei des extravagantesten Idealismusses die Er=
füllung des Zeitgeistes, dessen Kraft sie ahnte und dessen
Bedeutung zu begreifen sie das deutsche Volk für fähig hielt.
Während in Frankreich aber das ganze Volk mit hinein=
gerissen wurde in die Strömung der Ideen, welche die
Philosophen lehrten, in der starren und bündigen Form
in der sie dieselben der großen Masse boten, in Sprüch=
wörtern, Gedichten, Katechismen, Fabeln und Erzählungen
die Philosophie bis in die Hütte des Bauern und die Werk=
stadt des Arbeiters drängten und in den unmittelbaren Be=
ziehungen der theoretischen Weisheit zum praktischen Alltags=
leben auch für den Niedersten die Lehre der Wissenschaften
begreiflich machten; während alles dies in Frankreich schon
durch mehr als ein Jahrzehnt geübt wurde, standen in
Deutschland die Gelehrten und Weisen nicht nur in ihrem

Denken und Forschen außerhalb den Kreisen des Volkes;
die Hoffnungen selbst und endlichen Resultate, die sie mit aller
Forschung und aller Weisheit zu erreichen trachteten, lagen
ferne, unendlich ferne dem doch in seinem ganzen Elend
so hülfebedürftigen Leben der Nation. Nur auf dem Gebiete der Poesie entfalte der deutsche Genius ein jugend-
frisches Leben und von ihr denn auch ging durch Lessing,
Schiller und Göthe der frische Strom aus, der das deutsche
Volk der neuen Zukunft entgegen drängte. Schweigend
ertrug Hoch und Niedrig, Gebildete und Ungebildete die
zur Genüge geschilderte und längst bekannte Willkür, mit
welcher die gekrönten Herren und Herrchen im Lande schal-
teten. Man ertrug es und selbst die Theorie versuchte nicht
dagegen anzukämpfen. Man sah den Jesuitismus das
geistige Leben fast ersticken, man witterte ihn an allen
Ecken und dennoch wagte Niemand die Brandfackel der Auf-
klärung und Erkenntniß in den Jammer zu werfen. Und
selbst, wenn es geschah, geschah es doch nur in zögernder
Weise und „in abstracto"!

In diese Verhältnisse trat denn auf seinen Reisen der
Baron Clootz ein. Es ist nicht zu leugnen, daß er die Augen
offen hatte, daß er besser vielleicht als manch anderer die Uebelstände und die Gründe derselben erkannte, da er ja auf französischer Erde mit dem geraden Gegentheil auf das Innigste vertraut worden war. Auf der Höhe seiner politischen Thätigkeit,
als Mitglied des Convents war er es, der immer und immer wieder sein Auge auf Deutschland wandte, hier die

Revolution erregt wissen, die deutsche Nation vor allen
zu ihren Träger machen wollte. In den Besten des Volks
hatte er auf seiner Reise sein Vaterland wieder kennen ge=
lernt und obgleich ihm diese nur Zweifel und Fürchten, oder
Spott und scharfe Critik entgegensetzten, hoffte er doch auf
sie. Erst als die Stürme der Revolution in Deutschland mehr
Schrecken und Furcht erregten als Begeisterung und Nach=
ahmung, erst da kehrte er sich, mit bitterm Schmerz vom deut=
schen Volke ab, „das," um mit Göthe zu reden, „auch ihm so
achtbar im Einzelnen und so miserabel im Ganzen erschien."

Von Deutschland eilte er nach England und ward hier
wie dort nach kurzem Aufenthalt mit den bedeutendsten
Staatsmännern und Gelehrten vertraut. Nährte die re=
ligiöse Schwärmerei in Deutschland seinen Haß gegen jede
Religion, so saugte er hier auf der freien, so bewunderten
und beneideten Erde Englands den Haß gegen die Tyran=
nen, die unbegrenzte Liebe und Sehnsucht nach der Freiheit
des Menschen=Geschlechts ein. Einen großen Theil seiner
Zeit brachte er hier auf Burkes Landgut Baconsfield zu
und sprach mit dem gefeierten Staatsmann und Parlaments=
redner, wie er selbst erzählt, „oft bis tief in die Nacht hin=
ein über die heiligsten Interessen der Menschheit." Noch
ahnte Niemand die nahende französische Revolution, noch
vertheidigte Burke die Ideen, welche seine Jugend be=
geisterten. Er trat für das Recht der Amerikaner ein: die=
selben Freiheiten zu genießen, welche jeder Engländer als
sein heiligstes Gut mit Stolz nannte. Die Gefahr für die

Volksfreiheit und den Staat sah er noch in der Herrsch=
sucht der Könige, in den Launen der Höfe, in den Miß=
bräuchen, welche die absolute Gewalt nährte um sich selbst
zu erhalten und kehrte die Waffen seines mächtigen Geistes
gegen diese Gefahren. Als aber die französische Revolution
hereinbrach, sah er die Gefahr auf der entgegengesetzten
Seite, in der Anarchie, in der Pöbelherrschaft, in der Zer=
störung alles historischen Rechtes und der ihm heiligen Ein=
richtungen und griff mit aller Heftigkeit in der bekannten
Schrift: Reflextions on the Revolution in France die
Ereignisse an, die in Frankreich mit wilder Gewalt zerstör=
ten und vernichteten und im ersten Augenblick mehr zer=
störten als sie im Stande waren wieder aufzubauen.

Cloot trat in diesem Streit später als Gegner gegen
den einst verehrten Freund auf und in der Adresse d'un
Prussien à un Anglais 1790 erhob er sich gegen die
engherzigen Anschauungen des alt und grau gewordenen
Vertheidigers der Freiheit Amerikas. Als er in dieser
Schrift auch der gesammten englischen Verfassung den
Fehdehandschuh hinwarf, kehrte er sich zugleich von den übri=
gen englischen Freunden ab, von Fox, Scheridan, Pawis,
dem Duc de Saint John, mit denen er ehedem im ver=
trautesten Verkehr stand.

Zu viel gährte und tobte in der ungezähmten Leiden=
schaft dieses Mannes, des Forschens und Denkens war genug,
des Wanderns schon zu viel. Er mußte endlich zur That
schreiten und nach Frankreich zurück, unter das Volk, auf den

Boden, von dem er das Heil der Zukunft in der nun von
Allen geahnten, von den Meisten gewünschten Revolution er=
wartete. Seine Rückkehr hatte er schon vorbereitet durch das
erste und größte Werk, das seiner Feder entsprang: La certi-
tude des Preuves du Mahométisme par Ali- Gier- Ben
Alfaci (London 1780). Es kündigte ihn den Freunden an als
Genossen am Werk der Vernichtung und Zerstörung, den Er=
wartenden aber auch als Messias. Die Religion war der erste
Tummelplatz auf dem sich die wüthenden Gedanken dieses
Geistes entfalteten. Es war das freieste Gebiet und das am
leichtesten zu bebauende. Phrasen und glühende Worte, eine
leichtbewegliche Phantasie, ein ausreichendes Maaß von
Witzen ersetzen hier mehr als in andern Gebieten des
Wissens wahre geistige Größe, Verstand und Weisheit.
Jugendliche Ueberspanntheit oder erlahmende Geistes=Kraft
wählen sie als Stoff. Frankreich bietet dafür eine lange Reihe
Beispiele aus der vergangenen und gegenwärtigen Geschichte.

Die Religionsphilosophie.

In dem bezeichneten Werke tritt Clootz theoretisch mit
allen jenen Grundsätzen über Glauben und Religion fast
zehn Jahre vor der Revolution an die Oeffentlichkeit, die
er dann praktisch in Verbindung mit der wüthenden Partei
Hebert's und Chaumette's bethätigte. In der Form
ist kein Unterschied von den späteren Schriften, im Inhalt

kein Widerspruch gegen die später von ihm vertheidigten
und bis an den Fuß des Schaffottes behaupteten Grundsätze. Diejenigen die gesagt, daß Clootz erst durch die
Revolution und ihre ersten glücklichen Siege in jenes Deli-
rium der Philosophie getrieben wurde, das man in ihm
und seinen Schriften zu erkennen meinte, haben weder Zeit
noch Lust gefunden, dieses erste Werk seiner Feder zu lesen
und zu prüfen.

In der That dürfte es heute auch eine große und fast
qualvolle Aufgabe sein, sich durch diese aufgehäuften Mas-
sen von phantastischen Schwärmereien, schlecht und richtig
gedeuteten Bibel- und Coransstellen hindurchzuarbeiten, und
es wäre auch eine vergebliche Arbeit, wenn man eben nicht
bemüht ist, den Mann, dessen Namen man kennt, auch in
seinem Karakter und Denken erkennen zu wollen.

In der Darstellung der die Welt beherrschenden Religionen kehrt er sich im ersten Theile gegen die Behauptungen eines gläubigen orientalischen Philosophen. Er setzt
als Text dieselben voran und oberhalb seiner Widerlegun-
gen und philosophischen Darstellungen der Fehler und Täuschungen aller Glaubenslehren, und verweist durch Zahlen
bei jeder Stelle, die ihm in der Beweisführung Mammud's
als falsch erscheint, auf die als Bemerkungen beigefügte
nun eigene Ausführung der Bibel- und Coransstellen und
deren Widerlegung. Ebenso ist der zweite Theil des Werkes in der Art und Weise der Darstellung gehalten, kehrt
sich aber nicht mehr gegen den noch ziemlich nüchternen

Mammud, sondern gegen die Apologisten des Mahomeda-
nismusses und besonders gegen den Philosophen Hakim.

Von dem Prinzip Bacon's, daß alles, was die ge-
ringste Beziehung zur Religion hat, der Caution unterworfen ist und dem Mahnruf des Alcorans: Ihr, die ihr
an Jesus glaubet, fürchtet Gott und glaubet seinen Propheten, denn ihr werdet doppelt die Barmherzigkeit Gottes
nöthig haben, — von diesen beiden Sätzen ausgehend, bekämpft
er zuerst die Wundersüchtigkeit aller Religionen, aus der
ja zumeist die spätere Nachwelt die Göttlichkeit derselben
beweisen will und womit jenes Geschlecht, das sie zuerst
bekannte, sich täuschen ließ. Es sind Betrügereien und
Täuschungen, die einzelnen Thaten ebenso wie die ganze
Göttlichkeit, die sie darlegen sollen. Mit wahrem Entsetzen
stellt er nun, alles in den Bemerkungen zu dem ganz un-
bedeutenden, wahren und simulirten Text, die „monströsen"
Lehren der Dreieinigkeit, der Menschwerdung und des Todes
Gottes dar und gelangt aus seinen Beweisen, ihrer Lächer-
lichkeit und Falschheit zu dem Satz: „Wenn die Russen sagen
lieber Türk als Papist, so sage ich lieber Muselmann als
Christ." Hier stellt er die Lehren Mahomeds noch höher
als jene Christi'. Denn eben weil Mahomed das Christenthum als Götzendienst tadelt, steht er schon näher der reinen
Religion und den Urwahrheiten des Judenthums. Aber
auch diese Lehren sind in ihren letzten Gründen nur Täuschungen, obgleich alle ihre Unfehlbarkeit als ersten Glau-
bensfatz aufstellen und damit vor allen ihren Gott retten

wollen. „Jede Kirche hat nöthig, unfehlbar zu sein, weil
sich jede auf göttlichen Ursprung beruft." So beweist man
in allen Religionen zuerst mit dem, was selbst erst durch
die Religion bewiesen werden soll.

Wenn nun in der That der Mahomedanismus in seinen
ersten Lehren viel besser und reiner war als das Christenthum, so entartete er alsbald, als man ihn dem Menschengeschlecht übergab; er hatte von da an seine Quäker und
Sekten, seine Schismatiker und kindischen Auslegungen wie
die Lehre Jesus und jede Religion. „Woher kommt diese
Aehnlichkeit aller? Daher, daß die Quellen des Moham-
danismusses und Christenthums gleich unrein sind. Sie
haben beide die Lüge zum Vater und die gläubige Dummheit zur Mutter."

So hat er den Boden gefunden, um nun auch den
Mahomedanismus mit Keulenschlägen zu vernichten. Daß
er auch in der Darstellung des zweiten Theiles stets von
diesem abspringt und immer mehr gegen das Christenthum
ficht und streitet, lag von Anfang an in der Absicht des
Werkes und in Betracht des Publikums, für das es bestimmt. „Seid sicher, daß eure Religion falsch ist oder
zum wenigsten, daß das höchste Wesen nicht existirt, weder
in eurem Glauben noch in der Praxis, wenn die Wahrheit
nicht so klar als der Tag ist." Diese Lehre d'Alembert's
führt ihn auf dem Gebiet der Widerlegung aller positiven
Glaubenssätze. Er bietet hier außer der Fluth von heftigen
Ausdrücken und Schmähungen, die sich von Zeit zu Zeit

über das Gebiet der Religion ausgießt, wenig mehr als
Meslier in seinem Testament gethan und gelangt, wie dieser,
zum endlichen Schluß, daß jede Religion, wann und wo
immer sie gelehrt wurde, da sich ihre Glaubenssätze nie
wie die Helle des Tages beweisen lassen, falsch und unzu-
reichend ist.

„Widerlegt mich doch einmal und die Sätze, die ich
lehre," ruft er in einem Brief einem jungen Theologen· zu,
dem der dritte Theil des Buches gewidmet, „widerlegt mich
und alle die das Aehnliche gelehrt und bewiesen haben.
Nehmt mir's aber nicht übel, wenn ich Eure Kraft dazu
bezweifle. Wenn Eure Priester und Theologen mit dem
Papst und allen Cardinälen in London oder Amsterdam,
in Philadelphia oder Constantinopel geboren worden wären,
so wären ihre Meinungen ganz anders. Pius VI. würde
die Papisten verfluchen, der Herzog von St. Cloud wäre
ein guter Quäker und würde den Staat nicht stören, die
Cardinäle würden mit eben solcher Hitze das Vicariat
Jesus verfolgen als jenes Mahomeds." Was also kann
man sicheres glauben und hoffen von all den Lehren, deren
Kraft doch nur in der Vertheidigung jener ruht, welche der
Zufall dazu bestimmt und die Täuschung der Gewohnheit.
„Beten wir den wohlthätigen Gott an," schließt er die
Kritik, „den Gott des Universums und verabscheuen wir
den tyrannischen und blutdürstigen Gott der Juden, Türken
und Christen." Die individuell menschliche Religion, die
Religion der Natur, wie sie Rousseau verkündet, beherrscht

am Ende der Kritik auch die Weisheit Cloot̨', es ist das Resultat der Revolutionskämpfe gegen das Christenthum, es ist die Lehre Robespierre's vom höchsten Wesen, das dieser doch auch nur der Weisheit des genfer Philosophen entlehnt. Daß die gesammte Zeit dahin gelangte, das lag in der Consequenzkräftigkeit, mit der man dachte und handelte oder wenigstens glaubte es zu thun. In der Vorrede zu dem geschilderten Werke spricht Cloot̨ diesen Leitfaden der geistigen Bewegung und ihrer Art vor und während der Revolution, soweit diese gegen die Religion gerichtet war, klar und sicher aus. „Die Religion duldet keinen akademischen Geist, sie will, daß man sie leugnet oder bestättigt."

Bei seinem ersten Erscheinen machte das bilderstürmende Buch in den philosophisch=gebildeten Kreisen ein genügendes Aufsehen. Aber erst als die Revolution ausgebrochen, erlangte es für die große Masse Bedeutung. Im Jahre 1791 mußte eine neue Auflage veranstaltet werden und Cloot̨ überreichte dieselbe als Präsident des Convents in der Sitzung des 27. Brumaire an II. (17. November 1793) als ein Zeichen der Huldigung der republikanischen Volksvertretung. Der Beifall, den sein Werk errungen hatte, konnte ihn berechtigen, da er Bescheidenheit übrigens auch nie gekannt, mit stolzen Worten es der Versammlung zu überreichen. „Dieses Buch," sagte er, „eigenthümlich in seiner Methode und Taktik, merkwürdig durch seine Einzelheiten, seine Enthüllungen, untergräbt mit einem einzigen Stoß alle alten und modernen Sekten. Seinen Titel hat

es, weil ich einen Muselmann zwischen die Füße aller an=
deren Sektirer werfe, welche nun einer über den anderen
hinstürzen. So kann mein Buch fürwahr eine große
Bibliothek ersetzen."

So weit und ausgebreitet dieses Buch als Kritik er=
schien, so befaßt es sich doch nur wenig mit dem, was der
philosophische Revolutionär an die Stelle des Zerstörten
gesetzt wissen wollte. Denn daß der Raum im Herzen,
dem man den alten Glauben entriß, nicht leer bleiben dürfe,
das wußten alle und wußte auch Cloot. Und selbst die
größten Feinde des Christenthums hingen doch so treu an
den Lehren Rousseau's, daß sie mit ihm die Nothwendig=
keit irgend eines Glaubens, einer Religion und Gottes=
dienstes für Staat und Gesellschaft anerkannten. Ich greife
in der folgenden Darstellung der Zeit etwas voraus, um
die Entwicklung einer Gedankenrichtung in unserm Lands=
mann in einem sichern Bilde und im Zusammenhang kenn=
zeichnen zu können.

Die Assemblée Constituante hatte durch die Vernich=
tung alles Kircheneigenthums den furchtbaren Kampf der
französischen Revolution gegen die katholische Kirche her=
aufbeschworen. Aus der Bibel bewies der Tiers Etat, daß
die Kirche kein Besitzrecht habe und noch viel weniger ein
Recht auf die ungeheuren Reichthümer, die sie im Namen
der Religion durch die Jahrhunderte erbeutet. Der Clerus
aber vermischte seinen Besitz mit dem Glauben und in wü=
thenden Wortgefechten jammerte er, daß man die Religion

3*

zerstöre, in dem Augenblick, wo Niemand noch an dieselbe
dachte. So rief der Clerus selbst den Kampf gegen den
Glauben hervor, denn da er mit diesem sein Hab und Gut
vertheidigen wollte, blieb am Ende den Gegnern nichts
anderes übrig, als denselben mit in den Streit zu ziehen,
ihn anzugreifen und am Ende zu untergraben, um das
Recht des Staates, das die drückendste Noth ohnedies ge-
heiligt, zu rechtfertigen und den Besitz der Kirche in An-
spruch nehmen zu können. In einem geistvollen Buch hat
ein geachteter französischer Schriftsteller Edmund de Pres-
sansé (L'église et la Révolution française. 1864) diese
Kämpfe neuerdings dargestellt und wir verweisen unsere
Leser darauf. Aber auch er wie die meisten Schriftsteller
und Geschichtschreiber legen dem Umstande zu wenig Bedeutung unter, daß es die Geistlichkeit selber war, die den
Glauben und seine Lehren in den zuerst davon ganz abseits
liegenden Streit hineindrängte. Einmal aber auf diesem ab-
schüssigen Gebiete angelangt, gab es für die erregten Leidenschaften keinen Halt mehr. Jetzt wies man auf die Entartung der Priesterschaft und glaubte darin den Beweis für
das Elend der Religion zu finden. Das Gute wird in
einem solchen Kampf stets der einzelnen Person zugeschrie-
ben, das Schlechte allein gehörte dem ganzen Stand. In
dem Kampf unterlag die Priesterschaft, die Brandfackel flog
in die Klöster und Presbiterien, hier wurden die der Revolution anhängigen Priester bis an die Stufen des Al-
tares verfolgt, dort höhnte, köpfte und deportirte man die

der alten Kirche und ihren Gesetzen treu gebliebenen Kir=
chendiener. Man fing mit dem Schisma an, sagte Por=
talis, und endete mit dem Unglauben und Götzendienst.

Den Verlust der alten Kirche weniger fühlbar zu
machen, drängten sich die reformirenden Revolutionairs auf
das Gebiet der Schöpfung einer neuen Religion. Rousseau
hatte den Weg gezeigt. Niemand suchte nach ihm auf einem
anderen Gebiet das neue Heil und Clootz war unter Allen
der erste und feurigste, der die Reformation führte. Hier
lag denn auch seine Bedeutung für die große Masse. Jetzt
trat er in den Brennpunkt der geistigen Bewegung, wurde
ein Vorkämpfer derselben, nicht mehr ein Name, — ein
Begriff war er jetzt. Er konzentrirte sich in dem Satz, der
allen verständlich und geläufig war: Aufgeben der alten
Irrthümer und Anerkennung des Gottes, der in der Natur
lebt. In seinem politischen Hauptwerk: Bases constitutionelles de la République du Genre humain trat er
klar und deutlich mit der Befriedigung dessen hervor, was
der ganzen Zeit ein urplötzliches Bedürfniß war. „Man
darf nicht der Sklave des Himmels werden, wenn man frei
auf der Erde leben will." Das Dasein Gottes will man
durch die Weltschöpfung beweisen, aber man kann nicht be=
weisen und hat es nie versucht zu thun, daß die Welt ge=
macht wurde. „Ihr sucht den Ewigen außer der Welt, ich
suche ihn in ihr. Die Materie ist allein ewig, alles was
die Natur zusammensetzt, ist ewig. Das was wir das Kind
der Natur nennen, ist so ewig und so alt als die Mutter.

Aber man will die unantastbare Natur durch eine andere
unantastbare Natur messen. Ich sehe nur den einen Gott,
ich sehe den andern nicht. Ich leugne darum die geschaf=
fene Welt. Ich will keine Fabrik, also auch keinen Fabri=
kator." Und an Charles Stanhope schrieb er: „Entweder
ist die Moral der Evangelien entgegen gesetzt der Natur
oder sie ist ihr konform. Im ersten Fall hat sie keinen
Werth, im zweiten gehört sie nicht Jesus Christus an."
Nur in der Natur findet der Mensch Befriedigung und
Tröstung. Wie nun auch Clootz von ihr und ihrer allei=
nigen Verehrung alles hofft, so giebt er den Fluch der
Schuld, welche das menschliche Leben vergiftet hat, nur den
Theologen. In der Schrift L'orateur du Genre humain
ou Dépeche du Prussien Cloots au Prussien Herz=
berg ruft er seinen Zeitgenossen zu: „Handeln wir ohne zu
träumen. Der Himmel ist der Erde so fremd, wie der
Tod dem Leben. Die metaphisische Spekulation beunruhigt
nur die Faulen. Der Tod wäre dem Lebenden unbekannt,
wenn die Jogleurs und Theologen sich nicht in unsere
Tagesarbeit gemischt hätten." Und an den Abbé Fauchet
schrieb er am 30. Oktober 1790: „Ihr konsultirt die Evan=
gelien, ich die Natur. Einige Schlüsse dieses Drakels wer=
den Euch mißfallen. Mein großes Buch aber ist der Menge
verständlich, Eures ist ein Zankapfel, ein Labyrinth, in dem
die Menge sich verliert, wo sie die Führer nöthig hat, die
Theologen, die Despoten des Gewissens, die Begünstiger
der Tyrannen, die Aufwiegler der Nationen."

Neben dieser Vertheidigung seines Glaubens trat er mit
der Schrift über die Juden als einer der ersten und klarsten
Reformatoren für die politische und soziale Gleichberechtigung
derselben auf und als nach dem Sturze des Königthums der
Convent erklärte, daß die Priester, welcher Religion immer,
nicht mehr als Bürger des Staates angesehen werden und die
Kirchen und Tempel schließen ließ, mischte er sich mit wil=
dem Eifer unter die Schaar jener, welche den Religions=
dienst nur in soweit pflegen wollten, als er geeignet schien,
die revolutionären Leidenschaften zu nähren und für die
Republik zu begeistern.

Um die Kraft seiner Ueberzeugung zu beweisen,
schwur er selbst aller Religion öffentlich ab und führte
den Erzbischof von Paris, Gobel, in den Convent, vor
dem dieser und ein Theil des pariser Clerus in feier=
licher Sitzung dasselbe thaten. Clootz trug jetzt darauf
an, Meslier neben Gutenberg eine Bildsäule zu errich=
ten und ihnen die Ehre des Pantheons zu ertheilen und
nannte sich, wie jener, einen persönlichen Feind Gottes! —
Und jetzt führte Chaumette den wahnsinnigen Reigen nach
der Notredame=Kirche und anbetend kniete die gläubige
Schaar vor einer frechen Tänzerin und huldigte ihr als der
Göttin der Vernunft. „Und an der Spitze jener Menschen,"
berichtete spottend Camille Desmoulin seinem Leser, „an der
Spitze derer, die mehr patriotisch als Robespierre, mehr
philosophisch als Voltaire, sich lustig machen über die Ma=
xime: Wenn Gott nicht existirt, so muß man ihn erfinden,

sieht man Anacharsis Cloot den Redner des Menschen=
geschlechts, der nichts weniger will als Krieg gegen die
ganze Welt... Der aber ist nur ein guter Montagnard, der
des andern Tages, nach dem Abendessen, in einem Anfall
von Verehrung der Vernunftgöttin und dem, was er seinen
Eifer für das Haus des Herrn des Menschengeschlechts
nennt, um 11 Uhr Abends hinläuft und aus dem ersten
Schlaf den Bischof Gobel erweckt und ihn das, was er
eine Bürgerkrone nennt, jubelnd anbietet.... Und das ist
euer Anacharsis Cloot, der Frankreich das Signal zum
Umsturz giebt und das Beispiel der Vernichtung alles Ge=
weihten. Glaubt denn der weise Cloot, daß die Vernunft
und Philosophie am Land, unter Greisen und Weibern po=
pulärer ist als der Altar. Daß er aber daraus lernen
mag, mit welcher Vorsicht man an den Cultus rühren soll!"
So zürnte Camille, der geistvolle Schriftsteller der Revo=
lution, aber er versöhnte sich dennoch bald mit dem Ver=
spotteten und öffnete ihm willig und mit Anerkennung sei=
nes Geistes die Spalten seines Blattes. Aber es zürnte
noch ein Anderer in diesem Augenblicke. Und dieser ver=
söhnte sich nicht mehr mit dem Manne, den an jenem Tage
des Festes der Vernunft die Jakobiner zu ihrem Präsiden=
ten gewählt, den das Volk mit Jubel begrüßte und dessen
geistige Gewalt, größer als die rohe Wuth Heberts und
der Cinismus Chaumette's, die Menschen anlockte und ver=
führte durch die Begeisterung, mit der sie sich dem Stau=
nenden zeigte. Da mußte jener Mann hassen und konnte

nie vergeben, weil er einen Augenblick verdunkelt wurde.
Dieser Mann war Robespierre. Er flocht aus der Lorbeer=
krone, die Cloot ſeiner Philoſophie träumte und die ihn
inmitten des fremden Volkes, inmitten ſo vieler geiſtigen
Größe emporgehoben hatte, die Dornenkrone. Das Schaf=
fot folgte der Gottesverehrung, die er gedacht und in der
er ſich ſelbſt ein Halbgott ſchien.

Die politiſche Thätigkeit.

Wer nicht mit einer vorgefaßten Meinung in den
Blättern der franzöſiſchen Revolution lieſt und mit Anti=
pathie ſchon im Vorhinein gewiſſe Erſcheinungen in derſel=
ben betrachtet, der wird geſtehen müſſen, daß in den ver=
wegenen Schwärmereien Cloot' dennoch ein kräftiger Geiſt
ſich entfaltete. Es war eine furchtbare Wahrheit von der
er ausging. Die Kraft der Conſequenz führte ihn zu
ebenſo furchtbaren Schlüſſen. Man hat die Erſte nie
beachtet und hat darum die Letzteren als Wahnſinn ver=
dammt. Der Welt die Religion nehmen, dem Volke ſeinen
Gott entreißen, iſt ein furchtbares Unternehmen. Aber die
That wagen, um das Volk zu einer unbegrenzten Freiheit zu
führen, um es zu befreien ſelbſt von den Banden eines glück=
ſeligen Glaubens, der die Freuden des Paradieſes nach den
Qualen des irdiſchen Lebens als Troſt dem begrenzten Ver=
ſtande bietet, dieß für das Volk verſuchen, damit es den Werth

des Lebens allein schätze, in ihm und seiner Sphäre alle Kraft
entfalte, glückselig auf der Erde und unbekümmert um den
Himmel sei, die That um dieses, kann eine Verwegenheit
sein, für die das menschliche Geschlecht nie geschaffen, es
kann ein beklagenswerther Irrthum sein, aber es ist kein
Verbrechen mehr.

Und in der That! Die Männer der Revolution waren
alle von diesem Gedanken angehaucht. „Man muß das
Volk von den Priestern befreien damit es den Staatsmännern allein sich unterwerfe, man muß es taub machen gegen
die Lehren der Kirche, die den Werth des Lebens außer den
Grenzen desselben setzen und es nur empfänglich machen für
die Weisheiten der Welt, die den Triumph des Lebens in dem
Genuß desselben suchen. Der Genuß aber alles Lebens ruht
für den Bürger in seiner Freiheit! Die Kirche jedoch hat sich
mit den Weltbeherrschern auf die Throne der Erde gesetzt
und hat mit ihnen die Völker in der Sklaverei erhalten.
Sie stürzen und in ihrer Herrschaft vernichten, heißt die
Welt halb frei machen. Man stürzt sie aber nicht, wenn
man bloß ihre Werkzeuge, die Priester und Tempel vernichtet — man muß sie in ihren Lehren und Weisheiten
zerstören um sie aus dem Herzen des Menschen zu reißen und
aus — seinen Gewohnheiten." So dachte die äußerste Linke
der Constituante, und mit der Philosophie der Port Royal,
mit den Lehren Paskals und der Gewalt der gallikanischen
Freiheiten, die ihre letzten Vertreter in dem Komite für
geistliche Sachen fand, stürmte sie gegen den hohen Clerus

und setzte seinem Reichthum die Armuth der Apostel, seiner
Ueppigkeit die Leiden der christlichen Märtyrer, der Entfal=
tung der christlichen Lehre und ihren Mißbräuchen die ein=
fachen Wahrheiten der Evangelien gegenüber. Nur das just
Bestehende ward angefeindet, aber für die große Masse, die
dieses nie sieht und begreift, war es genug um an allem
zu zweifeln. Die Herren der Assemblée législative, die
Girondisten, setzten der widerstrebenden Pristerschaft Gewalt
entgegen und um sie zu rechtfertigen, begeiferten sie die Re=
ligion; die Jakobiner erhoben die Gleichgültigkeit auf dem
Altar und um das Volk nur dem Staatswohl zuzuwenden
dekretirten sie durch den Convent, daß alle „wohlgesinnten
Bürger sich mit religiösen Streitigkeiten gar nicht befassen
sollen und alle Thätigkeit und jeder Eifer nur dem Heilig=
sten, dem Staatswohl zugewendet werden möchte." Erst als
der Kriegsheld seiner Zeit die Herrschaft ergriff, fand Gott
und die Kirche auf dem Boden Frankreichs wieder Raum.
Aber nicht um des Menschenherzens willen, seinen Absolu=
tismus zu schützen, seine Gewalt zu heiligen schloß Bona=
parte das Concordat und sagte der Welt, daß er ihr ihren
Gott wiedergebe.

Die Revolution aber fand den Gedanken, der sie zuerst
so gewaltig bewegte, schon lange vorher fertig vor. Und wie
Clootz konnten die Meisten der Führer derselben von sich
sagen: „Mein Arsenal war lange vor der Revolution vor=
bereitet." Eben darum wurde ja die Religion in allen
Händen ein so kräftiger Hebel der Zeit. Nie aber war sie

mehr. Selbst die Reaktionäre der Revolution, die Parteien des Direktoriums, bemüht sie wieder herzustellen, wollten mit ihren phantastischen Aufzügen, ihren Nationalfesten,
der Jugend, dem Alter, der Ehe, der Freundschaft, der Freiheit und Gleichheit u. s. w. geweiht, doch nichts anderes als
aus dem neuen Glauben einen Behelf der Politik machen.
Wenige sprachen es klar aus, obgleich die Haltung und die
Thaten der Meisten, die Rücksichtslosigkeit gegen Glauben
und Religion, und endlich die unbedingteste Gleichgültigkeit
gegen dieselbe, die letzte Absicht verriethen. Clootz aber
drängte die Weisheit des Herzens auf die Lippen, er schrieb
und sprach was er und alle dachten und wollten. Darum erscheint er als der Ausschweifenste und am meisten überspannt.

Sein Buch über den Mahomedanismus wurde von
Rom verflucht und von den Priestern verbrannt; wegen
seiner Schrift über die Freiheit der Juden wurde er vom
Erzbischof von Paris mit zeitlichen und ewigen Strafen
bedroht. Er sandte diesem als Antwort seinen Wahl=spruch
„veritas atque libertas.“ Das Volk von Paris ver-
ehrte ihn desto höher je mehr er von den Feinden verfolgt
wurde. Die Verehrung und der Beifall aber wieder, drängten jetzt den Ehrgeiz mehr zu sagen, als er voraus sehen
konnte zu thun und zu leisten. So war die Religion grade
in seinen Händen zuerst ein Mittel, mit welchem er das
Volk auf die politische Freiheit vorbereiten wollte, indem er
den Glauben als Aberglauben zerstörte um im Unglauben
die geistige Freiheit zu erringen; dann war sie eine Brand=

fackel mit der er die träge Gesellschaft aufzuschrecken ver=
suchte, um wie ein raubgieriges Thier die Schätze der irdi=
schen Welt zu erbeuten, die Freiheit und Gleichheit. Der
Schutt des zerstörten Riesenbaues der Kirche sollte als Bau=
material dienen den Riesenbau eines Staates herzustellen,
der die Menschheit in ewiger Freiheit und unwandelbarer
Gleichheit vereinen könnte. Geschicklichkeit und Vorsicht
kann man diesem Revolutionär nicht absprechen.

Was war nun aber das politische Ideal, das Clootz
träumte mitten in der großen Zeit, die so viele Ideale der
Völker zur thatsächlichen Wahrheit machen wollte, für das
er die heiligsten Kräfte in Bewegung brachte, für das er
alles aufs Spiel setzte, selbst den Namen eines vernünftigen
Menschen, für das er sich von seinen Zeitgenossen und der
Nachwelt wahnsinnig schelten lassen mußte?

Auch auf dem Gebiete der Politik ist Clootz in den er=
sten Wahrheiten, von denen er ausgeht, nicht originell. Er
anerkennt die Grundsätze der Enziklopädisten, nur drückt er sie
kürzer und schärfer aus; er denkt mit Rousseau die gleiche
Philosophie, nur gelangt er, der mitten in der Zeit stand, die
jede Idee gleich praktisch ausführen wollte, zu gewaltsamern
Schlüssen und Resultaten als dieser, der, ferne dem beweg=
ten Leben, nur in finsteren Ahnungen vorhersagte, was sich
später erfüllte. Schon in seinen Voeux d'un Gallophile
(1784—1785) verkündet er Frankreich seine zukünftige Be=
deutung und Größe in der Weltgeschichte. Er ist durch=
drungen von der Ueberzeugung, daß die Welt, wenn eine

Revolution sie reformiren kann, von Frankreich aus revo=
lutionirt werden müsse. In seiner Adresse an Edmund
Burke schildert er das französische Volk mit all jener Hoff=
nungsfreudigkeit, die mit ihm alle theilten, die auf eine re=
volutionäre Erregung der Gemüther hofften, aber auch mit
der Einseitigkeit, die so gerne Menschen eigen ist, die sich
auf fremden Boden aklimatisiren wollen. „Jawohl, ruft er
Burke zu, dieses Volk lacht und jubelt, aber es weiß auch
zu handeln und zu denken. Lebhaft, leicht erregbar, mehr
aufgeklärt im Mittelstand als irgend ein anderes Volk, ist
das französische Volk, zumeist geeignet für die Revolution.
Die öffentliche Meinung ist hier eine Macht." Dann er=
zählt er, wie er einst mitten unter einem Volkshaufen die
Worte des englischen Kanzlers Bacon zitirte, daß die Kir=
chengeschichte die Geschichte der Priesterräuberei sei „und" fügt
er hinzu, „von allen Seiten tönten mir ähnliche Zitate aus
Voltaire, Helvetius, Diderot, Bolingbrocke, Bayle
und d'Alembert entgegen."

Mit dieser Adresse tritt er nun auch das erstemal in
das Gebiet der politischen Schriftstellerei. Die Bastille war
schon erstürmt, Mord und Brand haußten im Lande, das
Königthum wankte in dem Sturme, der seinen Thron um=
brauste, die Gesetzgebung der Constituante hatte mit kalten
Händen alle historischen Rechte und Gebräuche vernichtet,
die Vergangenheit sollte bis auf ihre Namen zerstört wer=
den. Die neue Landeseintheilung in Departements, Distrikte
und Cantone war den widerstrebenden Provinzen mit Ge=

walt aufgezwungen worden und auf ihr baute man Verwaltung und Justiz, die Kirche und die Volkssouveränität
auf. Burke's heftige Angriffe gegen diese Reformation
waren bekannt; Clootz richtete sich gegen dieselben, kritisirte
das Bestehende und vertheidigte mit Begeisterung das Ent-
stehende.

Als ein Gegenstand besonderer Bewunderung erscheint
ihm vor Allem die neue Landeseintheilung. Die geogra-
phische Lage Frankreichs, die Natur des Volkes und seine politische Stellung haben sie nöthig gemacht, und eben weil
sie so sehr einem allmächtigen Bedürfniß entspricht, darum
ist sie von dem Weisen das Weiseste der Revolution. „Die
Lage dieses schönen Landes zwischen zwei Meeren und zwei
Gebirgsketten, die Richtung seiner Ströme, Flüsse und Ka-
näle, bilden ein untheilbares Ganzes. In allen gleich, fordert die gemeinsame Erhaltung nichts als die kräftigste
Vereinigung aller Theile." Die Finanzvortheile und vor
allem die Macht der Geschichte dienen ihm zum weitern
Beweise. „Deutschland unterhält 80—90,000 Soldaten
und jeder Fortschritt eines Dorfes muß dort der Grund zu
einem Bürgerkriege werden. Ich sagte den Parisern, daß
es in Deutschland keine Hauptstadt gibt, weil Deutschland
getrennt und zerrissen ist. Sehet diese Kanonen und Mus-
keten, die aus den Arsenalen von Berlin, Wien, München,
Kassel und Hannover hervorgehen! Es ist um die Deutschen gegen die Deutschen zu bewaffnen. Ströme von Blut
werden fließen, weil die Deutschen fremd sind gegen die

Deutschen. Die Calmuken und Cosaken werden sich einst
streiten um die Theile Deutschlands, gleichgültig ob es Sie=
ger oder Besiegter ist." Man sieht, daß die vielgerühmte
Weisheit Napoleons über Deutschlands Geschick auch von
andern, aber eben weniger beachtenswerthen Geistern vor=
hergesagt worden. Nun, hoffen wir getrost daß Clootz so
schlecht prophezeite als Napoleon. Auf seinen kritischen
Streifzügen greift er nun dem stolzen Engländer gegenüber
rücksichtslos die englische Verfassung an. Er zählt nicht zu
ihren Bewunderern, denn er glaubt ihre Uebelstände erkannt
zu haben. „Die englische Constitution ist schwach in ihren
Grundfesten und schwer in ihrem obern Bau, so daß ihr
alles zu befürchten habt, wie in einem Haus, das verkehrt
gebaut. Eure Constitution gleicht den gothischen Kirchen,
deren Pfeiler und Mauern mit schlechten Statuen von Prin=
zen, Magistraten, Ingenieurs und Beamten belastet sind
und die immer auf die Häupter der Gläubigen herab zu
stürzen drohen." Und in der Erkenntniß der Bedeutung
einer mächtigen politischen Centralisation, welche alle Ge=
setzgeber der Revolution so klar erfaßten und die erst unter
dem Convent zu einer starren, alle Individualität zerstören=
den administrativen Centralisation ausartete, in der Erkennt=
niß, die Clootz so sehr bewunderte, kehrte er sich später in
seiner Schrift Bases Constitutionelles du genre humain
(1793) mit aller Heftigkeit gegen die föderalistisch gesinnte
Gironde und leitete den Kampf der Jakobiner gegen die=
selbe ein, der mit der Vernichtung der glänzenden Partei

ein so blutiges Ende nahm. „Sie ist weniger klug, rief
er ihr zu, als der römische Senat, der den Föderatifstaat
schon verworfen und ihre Ideen in Amerika zur Geltung
gebracht, zeigen dasselbe Elend, das für uns aus solchen
Grundsätzen entstehen würde. Erhalten wir uns den un=
schätzbaren Vortheil einer souveränen Einheit um die Ame=
rika uns einst beneiden und deren Mangel es sich alle
Tage vorwerfen wird." Es waren immerhin bemerkens=
werthe Worte, die hier ein Mann in seiner Begeisterung
aussprach und die wenige Tage darnach St. Just mit den
merkwürdigen Vorhersagungen weiter ausführte. „Amerika
ist keine Republik, rief er den Girondisten zu, und es wird
eine Zeit kommen wo Süden und Norden sich trennen, die
Volksvertretung sich spalten und gegen einander sich be=
waffnen wird, und Amerika wird enden wie die griechische
Republik."

Weiter ruht nach Cloo ß' Ueberzeugung die Gesetzge=
bung eines mächtigen Staates und besonders einer Republik
auf den guten Sitten. In der Depesche von Herzberg
setzt er die einfachsten Grundsätze von denen er das wahre
Heil erwartet, kurz und bündig neben einander. „Gute
Sitten, gute Gesetze und gute Gesetze gute Sitten. Sitten,
Gebräuche und Gesetze sind beinahe dasselbe. Wir müssen
sie haben." Nur aus der Verstocktheit, womit man sich ge=
gen diese Wahrheit kehrt, kommt alles Unheil. Oesterreich
wird darüber Brabant und Italien, Sardinien wird Sa=
voyen, Nizza und endlich Sardinien selbst verlieren. Das

uneinige Deutschland wird zu spät den Verrath Preußens
und Englands erkennen." Er sagt geradezu dem preußischen
Staatsmann, diesem „Monsieur le Vizir" des „nordischen
Sardanapel" wie er den König von Preußen nennt, dem
„Dragoman" der „christlichen Canaille", dem „Diplomaten,
der die Artikel von Reichenbach unterzeichnet hat, als er
eben aus einer Predigt gekommen sein muß," unter allen
diesen Spottnamen, mit denen er Herzberg auszeichnet,
sagt er ihm geradezu, daß Deutschland die Grundsätze der
französischen Revolution anerkennen, den Geist dieser Ge=
setzgebung auch für sich erobern muß, wenn es nicht dem
lauernden Elend verfallen will.

Den Geist der Gesetzgebung Frankreichs aber erkennt
er in den zwei großen Gedanken, welche die Revolution
auf ihre Fahnen schrieb, mit denen sie siegte und für die
sie die Guillotine errichtete: der Gleichheit und der Freiheit.
„Ihr sagt, ruft er Herzberg und Genossen zu, die Gleich=
heit ist eine Chimäre, die Reichen an Geld und Geist be=
fehlen, die Armen gehorchen und die Welt wird immer die
Beute der Starken sein. Sophisten! Grade darum, weil
die physische und moralische Ungleichheit eine Bedingung
der Natur ist, müssen die Gesetze der Gesellschaft die Ge=
walt gleich machen und dem Gewicht ein Gegengewicht ge=
ben. Wir sind gleich an Rechten und diese Anerkennung
setzt uns alle auf denselben Rang." Die endliche Herstel=
lung und ewige Erhaltung dieser Wahrheit sieht er nur in
der Anerkennung des Grundsatzes der Souveränität des

Volkes und der Menschheit. In ihr liegt auch die Herstel=
lung und Erhaltung der Freiheit. Das ist der Grundzug
seines Werkes Bases constitutionelles du genre humaine.
Wir wollen dieses bedeutendste seiner politischen Werke, das
sich am Ende in einen Gesetzentwurf von drei Artileln ver=
dichtet, ausführlich betrachten. Als leitenden Grundsatz stellt
er an die Spitze desselben die derbe Wahrheit in derben
Worten, daß „ein Gouvernement, welches die krankhafte Lei=
denschaft hat, sich weiser als das Volk zu dünken auf der
Höhe der Dummheit steht." Getrost aber fügt er hinzu:
„die Erfahrung wird uns heilen, ich hoffe es. Mein Orakel
ist das Volk. Die Wahrheit steigt nicht von der Höhe des
Himmels aber von der Höhe der Rednerbühne."

„Unsere Vollmachtgeber," führt er sodann aus, vor den
Wählern des Convents, dessen Mitglied er ja war, sprechend,
„unsere Mandanten sagten: Gesetzgeber! wir wollen eine
Constitution die das dauernde Glück mit der dauernden Frei=
heit vermählt. Nun, es handelt sich zuerst nicht immer
darum die Freiheit zu erobern, aber immer wird es die
wichtigste Frage sein, die Freiheit zu erhalten. Unsere Re=
volution anstatt vier Jahre zu dauern würde nicht vier
Monate gewährt haben, wenn eine gute Constitution auf
den Ruinen der Bastille sich erhoben hätte. Setzen wir
daher jetzt den ersten Stein unserer konstitutionellen Pira=
mide auf den unwandelbaren Felsen der Souveränität des
Menschengeschlechtes fest. . . . Die National=Convention wird
nicht vergessen, ruft er, beunruhigt über den streng natio=

4*

nalen Standpunkt derselben aus, daß wir Bevollmächtigte
der Menschheit sind und unsere Mission nicht auf die Departements Frankreichs beschränkt, sondern unsere Aufgabe
von der Natur gegengezeichnet ist." Dann geht er auf das
erste Gesetz der Menschheit ein, die Freiheit. Er will sie
der Welt geben „denn wenn die Freiheit nicht allgemein ist,
ist sie gar nicht. Hier bin ich frei, dort kann ich gefangen
werden...." Freilich denkt er selbst für die Erhaltung
dieser Wahrheit an das zukünftige Geschlecht und spricht
all diese Grundsätze in Frankreich nur aus, weil er dieses
Land als die Wiege jenes Geschlechtes ansieht. Für diese
Hoffnung ist das Menschengeschlecht sein Gott „und die
Aristokraten sind die Atheisten in diesem Glauben. Wie
jede Gottheit eins und nicht ein doppeltes ist, so kann es
auch nur ein Volk geben und nicht zwei, welche souverän
sind und die Volkssouveränität, wenn sie eine Wahrheit
werden soll, muß unendlich, unwandelbar und untheilbar
sein. Mit der Leuchte der Menschenrechte wird man dieß
erreichen und aus den Völkern ein Volk machen. Wenn
alle Völker dieselben Rechte, dieselben Wahrheiten erklären
und anerkennen, dann ist es erreicht, auf der Erde wohnt
nur ein Volk, nur eine Nation." Nun denkt er sich die
Erreichung dieses Zieles freilich so wie ein schmollendes
Liebespaar in einer arkadischen Schäferstunde die Versöh-
nungsfreuden sich ausmalt und in Begierde darnach dieselben auch sucht. „Wenn z. B. Genf sich nicht vereinen
will mit uns und unsern Gesetzen," sagt er in gutem

Glauben, „so werden wir es bitten uns mit sich zu ver=
binden!"

Was ist nun aber das Menschengeschlecht wenn es zu
solcher Autorität emporgehoben, eine solche Gewalt, eine so
allumfassende Macht hat! „Es giebt keine so sehr bloß vor=
mundschaftliche Oberherrlichkeit als jene des Menschenge=
schlechts. Alles ist in ihm frei, jedes Individuum, jede
Sektion und unter den Einzelnen giebt es kein anderes
Gesetz als die topographische Angemessenheit. Bei einer
solchen Gestaltung der Universalmonarchie werden natürlich
die inneren Verhältnisse ganz anders sich gestalten als die
gegenwärtigen Staaten sie zeigen. Die Natur wird Füh=
rerin und Lehrmeisterin in allen sein. Die Kunst, die ihr
zunächst kommt, ist die Beste, ebenso die Politik. Da bei
allgemeiner Gleichheit und Freiheit der Menschen nur ein
Volk die Erde bedeckt, so braucht es keine Steuern, eben
darum weil es keine Nachbarn giebt." Diesen Gedanken hat
St. Just, in dessen letzten Absichten und Hoffnungen an
verschiedenen Stellen seiner Schriften und Reden eine große
Verwandtschaft mit den Ideen Cloots' hervortritt, in seinen
„Institutions" weiter ausgeführt. Auch er sieht in dem
Krieg nicht einen Kampf der Einzelnen, „sondern nur der
Völker und Staaten." „Die Nachbarschaft ist der Grund der
Kriege, die Eroberung, der Gewinn und Nutzen stets das
letzte Ziel. Sie verzehren, aus einem Verhältniß, das gegen
die Natur ist, hervorgehend, die Schätze eines Volkes gegen=
über dem andern. Diese sich wiedersprechende Erscheinung

wird aufhören, wenn die allgemeine Gleichheit die Menschen
versöhnt. Das Finanzwesen der Staaten wird dann von
diesem Verhältniß zumeist beeinflußt werden."

Nach dieser ersten allgemeinen Darstellung kehrt sich
Clootz zu den besondern Verhältnissen. Er zeigt wie Frank=
reich zur starrsten Einheit hindrängt und so in der Her=
stellung eines festen Körpers den Anfang macht, der alle
übrigen Völker an die Macht desselben fesseln und endlich
mit demselben vereinen wird. Er weist auf Amerika hin,
wie dieses bei allen Mängeln seiner jungen Freiheit den=
noch die Nothwendigkeit einer allmächtigen Centralisation
erkennt und für die neue Welt nach demselben Ziele strömt,
das für die Alte Frankreich gesetzt ist. Er erkennt diese
Absicht Amerikas in dem Gesetze, das die Gründung einer
Hauptstadt verkündet hat. „So ist der Mensch der Natur
der Dinge unterworfen, daß er immer auf die Wahrheit
zurückgeführt wird. Der größte Tyrann der Welt ist der
Irrthum, — also klären wir die Welt auf."

Aus der Einheit des Menschengeschlechtes geht für ihn
die Verfassung desselben hervor. Für die Gesetzgebung die
Einheit der Gesetzgebenden Gewalt und der Volksvertretung;
für die Regierung die Einheit der Exekutivgewalt bestehend
aus einem Exekutiv=Conseil, an dessen Spitze ein Präsident
stehen soll. Die Exekutivgewalt steht mit der Gesetzgebung
in so weit in Verbindung, daß sie die Gründe der Noth=
wendigkeit eines Gesetzes darlegen und zur Befolgung an=
rathen kann. Hier übertrifft die politische Vorsicht Clootz'

weit die der Meisten seiner Zeitgenossen. Der Gedanke, daß
die Vielköpfigkeit in Regierung und Gesetzgebung das allein
gute und der Freiheit gemäße sei, hielt alle Vorstellungen
auch der bedeutensten und klarsten Männer jener Zeit be=
fangen und war eben nur die äußerste Consequenz der ein=
mal anerkannten Volkssouveränität. Vom Gespenst des
Absolutismus verfolgt, sah man das Heil der Zukunft nur
in der Trennung der Gewalten. Die Trennung aber ward
fast in allen Constitutionen der Revolution eine Zerreißung
derselben, so daß ein Theil fremd und intresselos dem andern
gegenüber stand. Cloots suchte sie zu vereinigen und zu ver=
söhnen, obgleich die von ihm angestrebte Organisation in der
That wohl auch nie eine Versöhnung oder Vereinigung
geschaffen hätte.

Für die Justizverwaltung kann bei der Souveränität
der Nation nur ein Grundsatz gelten: Jedes Verbrechen ist
crimen laesae nationis! Die Minister sind verantwortlich;
die Militärmacht wird sich bald so vermindern, da sie keine
besondere Stellung im Staate einnehmen kann. Für die
Religion bedarf es keiner besondern Bestimmungen, denn die
Universal=Republik wird Glauben und Gottesdienst ersetzen.
Für die öffentliche Verwaltung stellt jedes Departement zwei
Abgeordnete, die für die Geschäfte bei dem allgemeinen Frie=
den ausreichen werden. Je 50—60 Departements wählen
im nöthigen Fall eine Grand Jury für das Tribunal. Das
benachbarte Tribunal dient stets als Cassations=Tribunal.
Der Handel der Menschen, der heute bei der Trennung der

Völker zum großen Theil auf Betrug und Uebervortheilung
ruht, wird bei der allgemeinen Vereinigung in dem allgemeinen Nutzen seine Basis suchen. Die natürlichen Grän-
zen sind gehaltlose Schwärmereien und sind in allen Fällen
ohne Bedeutung. Römer und Karthager haben sie über-
schritten.

Für das Privatrecht stellt er ohne Rücksicht auf die
kommunistischen Tendenzen der herrschenden Jakobinerpartei
den Grundsatz auf: „das Eigenthum ist ewig wie die Gesellschaft und nur dann, wenn der Mensch arbeiten wird aus
Instinkt und nicht aus Intresse, dann erst wird er wie die
Thiere Gütergemeinschaft haben können. Nie wird diese
sich einführen lassen, so lange man dem Menschen nicht das
göttliche Geschenk der Vernunft und der Ueberlegung ent-
reißt." Kurz, schließt er endlich seine Ausführung, "machet
die Republik gleich und allgemein ohne jede Ausnahme,
unterordnet den Menschen der Nation und der Sache, die
Funktionäre der Funktion, das Individuum der Masse, die
Gesellschaft dem Gesetz. Ihr wollt die Völker der Herrschaft
Frankreichs unterwerfen? Ich antworte euch auf diese son-
derbare Frage, daß ich weder eine französische Herrschaft noch
eine französische Constitution anerkenne. Ich fordere die
Unterdrückung des französischen Namens unter den der
Menschheit, denn alle Menschen wollen Republikaner, nicht
alle wollen Franzosen sein."

Im entscheidenden Augenblick, damals als die Mitglieder des Convents aufmerksam diese Ausführung der Con-

ſtitution des Menſchengeſchlechts anhörten, regte ſich der
Dämon! Der Deutſche fühlte ſich mitten unter dem Volk,
das er ſo ſehr liebte, fremd. Er ſah die engherzigen na=
tionalen Begriffe ſelbſt die Ideen der Freiheit überſprin=
gen, die Herrn der Republik in den benachbarten Ländern
plündern und brandſchatzen und ſchleuderte der kühnen
Volksvertretung der franzöſiſchen Nation ins Geſicht, daß
er ſein Vaterland geopfert um der Welt zu gehören, nicht
um ein Feind derſelben zu ſein. An die verwegenen Worte,
die nur den Weg zum Schaffot vorbereiten, reihte er ſeinen
Geſetzentwurf als Grundlage der Conſtitution:

1) Es giebt keinen andern Souverän als das Menſchen=
geſchlecht.

2) Alle Menſchen die das anerkennen, ſind Mitglieder
der Republik des Menſchengeſchlechts.

3) In Ermangelung des Zuſammenhanges oder der Ver=
kehrsverbindung wird man die Verbreitung der Wahr=
heit erwarten um für das entfernteſte Gebiet die Bil=
dung der Gemeinden vorzunehmen.

Mit dieſem Geſetzentwurf endete die ausgedehnte po=
litiſche Schriftſtellerei Cloot'. In ihm war er auch als
politiſcher Theoretiker ganz enthalten. Er trug einen Ge=
danken, der für die Theorie einen großen Spielraum ließ,
in ſich, deſſen Erfüllung aber ſelbſt dem weitſehenſten Phi=
loſophen noch in einer fernen Zukunft lag. Für Clootz
aber ſchien das große Werk zur Erfüllung ſchon reif. „In
zwei Jahren," rief er aus, „wird man die Arbeit beginnen

können.' Wenn es Wahnsinn wäre Träume und Hoffnun=
gen auszusprechen und ihrer Erfüllung mit Vertrauen ent=
gegenzusehen, wer ist es dann, der nicht zu den Narren
zählte? Aber nicht der wird den Zeitgenossen und der Nach=
welt zum Spott, der dieses thut. Wer kann ihn Lügen
strafen, wenn seine Wahrheit für die Verwirklichung in
noch unberechenbarer und unantastbarer Ferne liegt. Der
aber, der von Täuschung und Eitelkeit verführt dem Geist,
der die Welt durchweht, vorgreifen will und sich selber auf
den Schöpfungsthron setzt, der gilt der Welt als Narr oder
als Lügner.

Das war Cloots' Fehler und die Nachwelt strafte ihn
mit Vergessenheit. Dennoch waren seine Zeitgenossen nach=
sichtiger. „Es ist in Frankreich einer jener Menschen er=
schienen", sagte der ausgezeichnete Rabaut St. Etienne,
„die sich von der Gegenwart in die Zukunft schwingen;
er hat die Zeit angezeigt, die kommen wird, in der alle
Völker nur eins sein werden und der nationale Haß
schwinden wird. Er hat sich stolz den Redner des Men=
schengeschlechts genannt und gesagt, daß alle Völker der Erde
seine Genossen wären. Er war Preuße von Geburt und
adlig und hat sich zum Menschen gemacht. Wenn einer zu
ihm sagt, er sei ein Visionär, so antwortet er mit den
Worten: Man wird einen Band von falschen Lehren ma=
chen, aber anerkannt in der Welt; man sieht dort auf einem
kleinen Grund jene Grundsätze, von denen sehr wenig Men=
schen begreifen die Grenzen festzusetzen. Einige haben sich

kühn emporgeschwungen und entsetzen sich über das wogende
Getreibe. Das aber sind gefährliche Geister, oder zum we=
nigsten eigenthümliche Menschen." Clootz selbst täuschte
sich auch nicht über seine Zeit und seine Stellung. Nur
sagen freilich alle, deren verkehrte Hoffnungen sich nie er=
füllen, daß nicht an ihnen, sondern am Elend des Zeitgeistes
die Schuld liege. „Ich habe das Unglück nicht in meinem
Jahrhundert zu sein. Ich bin ein Narr von Seiten unserer
vergeblichen Waisen. Emanuel Siéyes mit seinem tièrs
Etat, hätte er nicht eine eben so dumme Rolle gespielt vor
einem Jit de justice als ich sie spiele mit meinem Men=
schengeschlecht unter den gegenwärtigen Staatsmännern.
Man wird sich nicht begnügen mir unter die Nase zu lachen
wie einem Copernikus, sondern wird mich verfolgen wie
einen Galilei und Jean Jaques. Ich räche mich mit
meiner Freimüthigkeit und spotte über die Spötter." So
tröstete er sich selbst und in der Entsagung des Triumphes
seine Hoffnungen erfüllt zu sehen, weihte er sich vor seinen
Zeitgenossen selbst zum Märtyrer. Die Nachwelt hätte ihn
vielleicht auch einen Philosophen und Weisen genannt, wenn
er nicht in krankhafter Ungeduld stets mit Genauigkeit an=
gekündigt hätte, wann seine Weisheit sich erfüllen wird.
Die heiligsten Männer ließen darüber die hoffende Mensch=
heit im Zweifel und sie galten ihr als Propheten und
Messias.

Aebung der Grundsätze.

Nachdem wir den Geist unseres Helden in den beiden
sein Streben ausfüllenden Gedankenwelten geschildert haben,
können wir uns wieder zu dem Leben und Handeln dessel=
ben wenden und in einem kurzen Bilde noch überschauen,
wie er in Staat und Gesellschaft seine eigenen Grundsätze
bewährte.

Wenn er so dahinschritt in den Straßen von Paris,
Hände und Füße in unruhiger und unsicherer Bewegung,
die etwas vorstehenden Augen hin und herrollend, den
Kopf zurück so weit, daß man fürchten konnte die hochauf=
gekämmte Perrücke werde der edelgeformten Stirne, die sie
bedeckte, entfliegen, bald ein Citat auf den Lippen, bald
eine eigene Weisheit, da blieb wohl Mancher auf seinem
Wege stehen, winkte seinem Freunde und sagte ihm ins
Ohr: das ist Anacharsis, der Redner des Menschenge=
schlechts. Es war ein Wort, das einen ganzen Mann, einen
kühnen Beruf, ein vielbewegtes Leben enthielt. Es war
ein Wort, daß die soziale Stellung und die politische Thä=
tigkeit desselben umfaßte.

Das Alterthum und seine geschichtliche Größe und
Poesie spielte in der französischen Revolution eine große
Rolle. Das, seit den funfziger Jahren des 18. Jahrhun=
derts in Frankreich durch Dichtung und Wissenschaft ange=
regte Studium desselben, hatte sich bis in die niedersten

Volksschichten verbreitet. Als die Revolution losbrach, spielte man mit den Namen und Helden der versunkenen griechischen und römischen Welt, wie mit den vertrautesten Erinnerungen; man wählte seine Bilder und Beispiele aus ihr, die Kunst griff in sie hinein, das politische Denken setzte auf die Wiederbelebung der dahingeschiedenen Größe seine Hoffnungen. Man kann kein Tagesblatt, keine Flugschrift jener Zeit zur Hand nehmen, ohne nicht durch die gehäuften Anspielungen auf das Alterthum sich wie in eine andere Welt, unter ein anderes Volk versetzt zu fühlen. Die erste Zeit der Revolution errichtete die Größe und Erhabenheit des griechischen Lebens, die Macht und Bedeutung des römischen als ein glückseliges Vorbild. Die Reden des Parlamentes bewegen sich häufig, fast ausschließlich in demselben um die Nothwendigkeit einer Maßregel oder eines Gesetzes zu beweisen. Camille Desmoulins wurde von Robespierre aufs Schaffot geschickt, weil „er den Tacitus kommentirt hatte." Und wenn man eine der berühmten fünf Nummern des vieux Cordelier jenes geistvollen Journalisten, zur Hand nimmt, so glaubt man sie geschrieben für ein Volk, das auf dem römischen Forum sich versammelt und über das Schicksal Roms und der Welt berathet. Die spätere Zeit des Conventes wollte die gefallene Größe auch wirklich wiederbeleben, führte die öffentlichen Feste Roms und Athens ein, legte die Grundlage eines Unterrichtswesens, das die Jugend für griechische Tugend und Sitte, für römische Vaterlandsliebe erziehen sollte. Eine

noch spätere Zeit behielt von dem schönen Traume nichts
anderes, als die eitlen Namen und suchte die Bedeutung
des Alterthums in seinen Schwächen und seiner Verkom-
menheit. In der Frivolität der Gesellschaft des Directoriums
gingen die großen Gedanken der Revolution unter — der
Despotismus Napoleons war das Ende.

Auch Cloot, frühe von den Ideen der alten Welt
erfaßt und begeistert, suchte hier seine Vorbilder. In Bewunderung des skitischen Königssohnes, der der Herrschaft
entsagte und allem Glanze, um zu den Füßen des griechischen Gesetzgebers solonische Weisheit und Tugend zu lernen,
nahm er dessen Namen an und wollte mit ihm sein Andenken selbst der bewunderten Größe längstvergangener Jahrhunderte verbinden. Als Anacharsis durchreiste er Europa
und als er das sturmbewegte Schiff der französischen Revolution bestieg, legte er in einer ihm ewig festlich erscheinen-
den Stunde den Titel seines alten Adels ab und übergab
ihn so der Vergangenheit, daß sein ganzes Leben nur um
den Namen des griechischen Philosophen der Erinnerung
wieder auflebt. „Anacharsis, rief er Burke zu, das ist
derselbe, der vor dem Erscheinen der Constitution sich
Monsieur le Baron de Cloots du Val de Grace
nannte!" „Ach," ruft er dann in Bewunderung jenes Ereig-
nisses, das ihn zumeist der Nachwelt in Erinnerung hielt,
„ach wenn ich doch durch eine zweite Gesandtschaft alle Tauf-
kesseln abschaffen könnte! Die Nationen und die Vernunft,
alle würden damit ungeheuer gewinnen."

Jene Gesandtschaft, auf die Clootz stets mit solcher Bewunderung zurückblickte, war die erste politische That in der Revolution, durch welche er als einer der thätigsten Factoren der großen Masse bekannt und beliebt, fast allen revolutionären Parteien vertraut wurde. Die Constituante berieth die sehnlichst erwartete Constitution, welche Frankreich zum längst geträumten Glück emporheben, der ganzen europäischen Welt ein erhabenes Beispiel geben sollte. Jene „göttliche Nacht" des 4. August, wie französische Schriftsteller sie nennen, hatte die Gleichheit zum ersten Mal thatsächlich bewahrheitet. Der Adel gab seine Privilegien und Vorrechte mit freigebigen Händen hin, die Geistlichkeit, wenn auch zögernd, schloß sich dennoch dem großen Opferakte an. Die Constitution aber sollte auch die Namen vernichten, welche das Volk noch trennte, und nur das einige gleiche Bürgertum die Nation bilden. Thatsächlich der Gleichheit des Volkes die Weihe zu geben, sollte am 14. Juli in Paris das große Verbrüderungsfest gefeiert werden, zu dem aus den fernsten Departements schon die Gesandten des Volkes herbeiströmten. Mitten unter den Berathungen über diese Jubelfeier erschien vor den Schranken des Sitzungssaales der Constituante Anacharsis Clootz an der Spitze einer merkwürdigen Deputation. Er begrüßte in feierlicher Rede die Mitglieder der Volksvertretung, beglückwünschte sie in ihrem Ruhm, ihrer Größe und glorreichen Thätigkeit und sah in dieser „die anbrechende Morgenröthe aus der empor die Sonne der Freiheit sich erhe-

ben und dem Menschengeschlecht leuchten wird." Die Vertreter desselben stehen hier im Angesicht der französischen
Volksvertretung und er spricht als Gesandter derselben.
„Unsre Beglaubigungsbriefe sind nicht auf Pergament ver-
zeichnet, aber mit unauslöschlichen Buchstaben ist unsere
Mission in das Herz aller Menschen geschrieben. Und,
Dank der Urheber der Menschenrechte, werden diese Buchstaben den Tyrannen nicht mehr unverständlich sein." Dann
bat er für sich und seine Freunde bei dem großen Nationalfeste als Vertreter des Menschengeschlechts theilnehmen zu
dürfen. „Die Trompete, welche ein großes Volk zum Auf-
stande aufgerufen, hat wiederhallt schon an den vier Enden
der Welt und die Jubellieder eines Chores von 25 Millionen freier Menschen haben die Völker aufgeweckt, die in
einer tiefen Sklaverei entschlafen waren." Die Feudalpartei
höhnte nach diesen Worten die Deputation „aller Völker
der Erde," nannte die Aegyptier und Chaldäer, die Perser
und Chinesen entlaufne Bedienten, die man in geborgte
Theaterkostüms gesteckt. Die äußerste Linke aber sah, politisch
klüger als jene, in dem wahren oder unwahren Aufzug
der Vetreter des Menschengeschlechtes ein geeignetes Mittel
die Gemüther zu erhitzen und Barnave verschaffte ihnen
die Ehre an der Sitzung Theil zu nehmen.

Es hat gar keinen Werth zu wissen, ob bei dieser viel be-
sprochenen und viel geschmähten Weltdeputation wirkliche oder
maskirte Chinesen, nationale oder kostümirte Aethiopen zuge-
gen waren, genug daß dieselbe den Zweck erreichte, den man

damit zu erreichen beabsichtigte. „Die revolutionären Leiden=
schaften wurden erregt, man glaubte an die Brüderlichkeit
aller Völker,“ sagt ein französischer Schriftsteller, „und Clootz
ward bewundert aber auch beklagt als ein Mann, der um Jahr=
hunderte zu früh gekommen.“ Der Erfolg der Deputation war
ein ungeheurer und wenn die Royalisten sie nur lächerlich zu
machen verstanden, die Republikaner wußten den besten
Nutzen aus ihrer Verehrung zu ziehen. Clootz selbst schil=
dert den Erfolg seiner That an Lord Stanhope mit den
begeisterten Worten: „Ich habe weder Mühe noch Sorge
gespart und die Ruhe ist weit von mir seitdem die Schwie=
rigkeiten sich mir nahten. Endlich aber bin ich für meine
Arbeit am 19. Juni auch gelohnt worden. Meine Rede
vor der Constituante hat die Ketten der geknechteten Nationen
zertrümmert, sie vernichtete die schmählichen Inschriften,
warf die Wappen herab, zersetzte die Livreen und schaffte
die Titel und Namen des Adels weg. Ich war die Ur=
sache dieser denkwürdigen Sitzung und ich werde mit Freu=
den sterben, wenn ich der unmittelbare Grund des allge=
meinen Glücks sein kann. Ach! wann wird man in Span=
dau und Sibirien denselben Tanz aufführen?“

Bei dem großen Nationalfeste des 14. Juli 1790 zeich=
neten ihn nun auch die Constituante mit allen Ehren eines
Gesandten des Menschengeschlechtes aus. Mit Begeisterung
schreibt er an Josephine Beauharnais nach dem Tage, der
ganz Frankreich mit Jubel erfüllte: „Wir haben gesiegt,
wir haben triumphirt und Sie sind nicht dabei gewesen.

Eilen Sie Madame, eilen Sie. Seien Sie Zeuge der
Seligkeit eines freien Volkes, welches seinen Platz unter
Griechen und Römern nimmt. Ich war an der Spitze der
Fremden auf einer besondern Tribüne in der Eigenschaft
eines Gesandten des Menschengeschlechtes und," fügt er
hinzu, als wollte er überall die Nachwelt, selbst in seiner
Begeisterung, an seine Ueberspanntheit mahnen, „und die
Minister der Tyrannen haben uns mit eifersüchtigen und
bösen Blicken angesehen." Dann schildert er ihr, die er mit
allen Zeitgenossen eine Göttin, eine Muse nennt, mit welch
erhabenen Gefühlen er der großen Feierlichkeit beigewohnt,
wie alles den Geist des Patriotismusses geathmet. „Ein
Patriot aber," setzt er erleuternd an die Spitze seines Briefes,
„ein Patriot ist nur derjenige, dessen Rechtssinn ein Schutz
ist gegen kleinliche Leidenschaften und dessen Schritt nicht
gehemmt wird durch die Bäche, die ihn auf seinem Wege
entgegenströmen!"

Von diesem Tage an war seine politische Aufgabe und
seine Stellung in der französischen Revolution klar vorge-
zeichnet. Er datirt seine Briefe und Schriften aus Paris
„vom Hauptort der Welt;" er unterzeichnet sie als „Redner
und Gesandter des Menschengeschlechts." Und was ist ein
Redner des Menschengeschlechts, frägt er sich jetzt, um dem
lauschenden Volk seine Mission zu enthüllen. „Das ist ein
Mann, antwortet er, der durchdrungen von der Würde des
Menschen, ein Tribun, der glühend aus Liebe für die Freiheit und von Schrecken erfüllt ist gegen die Tyrannen; er

ift ein Mann, der, nachdem er die Weife feines univer=
fellen Apoftolats im Bufen der konftituirenden Volksver=
tretung des Univerfums empfangen, fich einzig hingiebt der
freien Vertheidigung all der Millionen Sklaven, welche
feufzen von einem Pol zum andern unter der Geißel der
Ariftofratie. Er ift ein Mann, deffen donnernde Stimme
an allen Thronen wiederhallt, und deffen Wort gehört
wird in den Werkftätten, um die Throne langfam zu unter=
wühlen in einem Kreife, den 40 Millionen Arbeiter aller
Nationen bilden, der feine Reden und Schriften in die
Keller und Hütten des Volkes trägt, der fich freiwillig ver=
bannt von dem Heerde an dem er geboren, und dem Lande
das er durchwandert, aus dem Himmelsftrich wo füße Er=
innerungen ihn fchmeicheln um unwandelbar treu zu blei=
ben dem Hauptort der Freiheit und Unabhängigkeit, indem
er entfagt allen Plätzen, reich an Ehren und Gewinn und
zu denen feine Talente ihn unzweifelhaft berufen. Die
Miffion eines folchen Mannes wird nicht eher enden, als
nach, der Vernichtung aller Unterdrücker des Menfchenge=
fchlechts."

So kündigte er fich jetzt dem Volke an, fo ward er
von der Partei, die an's Ruder kam als die Conftituante
fich auflöfte und die Légeslative zufammen trat, von der
Gironde, als einer der Ihren empfangen. In der erften
Zeit ihrer Herrfchaft ftand Clootz treu auf ihrer Seite.
Noch wankten und zitterten diefe talentvollen aber Genie=
lofen Helden nicht, noch erfchraken fie felbft nicht vor dem

Dämon, den sie heraufbeschworen, noch wollten sie die Re=
publik, groß, frei und gleich, wie Anacharsis sie geträumt.
Er wollte mit den Girondisten den Krieg und als diese
dem König jenes unglückliche Dekret abzwangen, das ihn
endlich dem deutschen Kaiser als König von Ungarn und
Böhmen und dem preußischen Herrscher erklärte, wollte
Cloot den Krieg der Freiheit gegen ganz Europa. Er
vereint sich mit den Patrioten, die ihr Hab und Gut auf
den Altar des Vaterlandes legten und spendet 12000 Fr.
„um damit zu bewaffnen und zu bezahlen 40 oder 50
Streiter in den heiligen Kampf der Menschen gegen die
Tyrannen" und erbietet sich selbst aus seinen Landsleuten
eine Légion vandale für den Kampf zu stellen.*) Er for=
dert in seiner Depesche an Herzberg Preußen auf, sich mit
der französischen Revolution zu verbinden und die Allianz
mit England aufzugeben, die wohl früher aber jetzt nicht
mehr einen Vortheil bringen kann. „Jetzt eine Allianz mit
England heißt Preußen an den Rand des Abgrunds führen,
es im Meer ertränken und wie ein Wallfisch mit seinen
Schweif die preußische Barke umstürzen wollen." Der
Krieg begann und „ohne weitere Umstände," rieth jetzt

---

*) Diese Legion, durch das Decr. vom 4. September 1792 auch
wirklich in's Leben gerufen, bestand aus 4 Escadronen leichter Caval=
lerie, ebensovielen Pickenträgern und Dragonern, 2 Bataillons Jägern,
1 Bataillon Büchsenschützen und 1 Compagnie Artillerie. Sie wurde
aus Deutschen, Holländern und Franzosen gebildet, der spätere Marechal
Augereau war Offizier in derselben. Das Decr. vom 27. Juni 1793
löste diese Heeresabtheilung wieder auf.

Clootz den Franzosen, „soll man Savoyen, Nizza und so weiter annektiren und Departements der Alpen hier, neue Departements der Pyrenäen dort errichten." Erst später konnte die Revolution diese Rathschläge befolgen.

Für diese Treue und Anhänglichkeit an Frankreichs Ruhm und Größe lohnte die Gironde ihren Vorkämpfer mit der Ertheilung des französischen Bürgerrechts durch das Dekret vom 10. August 1792 und empfahl ihn den Wahlmännern des Departements de l'Oise als Deputirten zur Nationalkonvention. Diese, ohne Kenntniß des Mannes und seiner Gesinnung, sandten ihn einzig und allein auf den Rath der herrschenden Partei das Mandat. Am 21. September 1792 erschien der deutsche Baron unter den Deputirten des französischen Conventes, den Petion als provisorischer Präsident am selben Tage als eröffnet erklärte.

Die Parteistellung, die Clootz jetzt einnahm, muß von hervorragender Bedeutung gewesen sein. Alsbald nach der Dekretirung der Geschäftsordnung wurden die Comités gebildet und Clootz in das Comité der auswärtigen Angelegenheit gewählt, dessen Berichterstatter er später in den hervorragendsten Fragen wurde. Für den Monat Brümaire des Jahres 2 hatte er den Präsidentenstuhl des Convents inne und als er nach Ablauf der Zeit eines Monats diesen verließ, wählten ihn die Jakobiner als ihren Vorsitzenden und Leiter. Außer in den auswärtigen Angelegenheiten trat er bis zu den Berathungen über die Constitution nur bei der Abstimmung über das Schicksal Ludwig XVI. hervor. Er stimmte im Namen des Menschengeschlechts für den Tod des Königs und schrieb, in wilde Aufregung versetzt durch den Jubel, den das blutige Haupt des einst geliebten Herrschers unter dem parifer Pöbel erregte, an die Sozieté der belgischen Jakobiner zu St. Omer: „Ich habe den Kopf eines Monarchen springen lassen und meine Begierde nach dem Königsmord ist unersättlich. Mit dem Blute des letzten Tyrannen Europas werde ich meine Hände waschen, die ich in das Blut Ludwig XVI. getaucht." Das war der Culminationspunkt, auf dem die begeisterte Schwärmerei in grenzenlose Raserei ausartete. Es war der Höhepunkt alles Denkens und Wollens — die Zeit des Falles begann und der Sturz war schnell und furchtbar.

Zwei Dinge beförderten ihn. Es war der Spott, für den Anacharsis Clootz reichlichen Stoff gab und der in Frankreich zu allen Zeiten eine allmächtige Gewalt hatte; es war ferner das Mißtrauen, mit dem in Zeiten der Gefahr der Fremde zumeist verfolgt wird und zu dem Clootz durch seine Bases constitutionelle nur allzuviel Grund gegeben. Seine religiösen und politischen Grundsätze fanden unter seinen Zeitgenossen bei aller Bewunderung auch Verachtung, neben der Anerkennung auch Verleugnung und machten ihm bei der großen Zahl Freunde auch ein Heer von Feinden.

Der persönliche Charakter Clootz' war bei allen dem keineswegs liebenswürdig. In der Bewunderung seiner Weisheit wurde er rücksichtslos gegen Alle andern und deren Grundsätze. Bei dem wüthenden Eifer, mit dem er für die Durchführung seiner Hoffnungen arbeitete, verletzte er die Männer und Parteiführer, die Frankreichs sichtbare Lage allein im Auge hatten und an die Befriedigung nur des Nächstliegenden als des Nothwendigsten dachten. Als er ihre Absichten angriff und in ihrem Werth bezweifelte, griff er Frankreich selbst an; als er ihre Aufgabe leugnete, leugnete er die der französischen Nation. In dem Augenblick, wo diese alles einsetzte um die Revolution im Innern, die Kriege nach Außen siegreich durchzuführen, nährte sie nur den Gedanken nationaler Größe und nationalen Ruhms. Anacharsis trat Allem gegenüber mit seinem Menschengeschlecht. Das war ein Verbrechen an der Nation und es ward um so strafbarer, weil es der Fremde übte, der sich mit Begeisterung in ihre Mitte gedrängt und dem sie großherzige Gastfreundschaft gewährt hatte.

Die Girondisten wankten auf dem Boden, den sie sich selbst geschaffen und bereitet hatten, von dem Augenblick als das Haupt des Königs gefallen war. Sie hatten durch ihre Stimmen das Verbrechen der Nation entschieden und es rächte sich im selben Augenblick an ihnen zuerst. Robespierre wußte alle Parteien gegen sie zu vereinen und so gestärkt, stürzte er an jenem denkwürdigen 31. März nach einem Kampfe, in dem die Feinde wie Löwen um die Beute rangen, die hoffnungsvollen und ruhmreichen Volksmänner. Anacharsis Clootz, wankend in seiner eigenen Stellung, folgte dem Tagesstrome, schloß sich der siegreichen

Partei an und schritt im Hasse gegen die Gegner allen
andern voraus. Er haßte und verleumdete sie, weil sie
sich lossagten von seinen Hoffnungen und Grundsätzen, er
haßte und verleumdete sie, weil der Genius dieser Partei,
Madame Roland, ihn tief beleidigt hatte. Sie erzählt in
ihren Memoiren den Grund seines Hasses. „Als er De=
putirter wurde, kam er öfters zu uns, suchte sich am Tisch
sans gène den ersten Platz und stets das beste Stück.
Ich zeigte ihm endlich mit kalter Höflichkeit, daß er nicht
gern gesehen, bediente alle andern vor ihm, bis er es merkte
und nicht mehr kam. Er rächte sich durch Verleumdungen.
Ich würde nicht gesprochen haben von dieser häßlichen Per=
sönlichkeit, wenn sie nicht eine so große Rolle in der Ver=
nichtung der guten Menschen gespielt hätte. Er war es,
der die Girondisten als Föderalisten verketzerte und die Ge=
sellschaft in meinem Hause als eine Verschwörung kennzeich=
nete." Madame Roland schrieb diese Worte im Gefängniß,
den Tod, den unverdienten Tod vor ihren Augen und nicht
dieses Urtheil allein, sondern viele andere Worte über ihre
Feinde wurden hier zwischen den finstern Kerkermauern mit
mehr Bitterkeit als Gerechtigkeit geschrieben. Wer möchte
ihr darum zürnen! Clootz wurde von ihr übrigens längst
gehaßt und früher als sie in ihm ihren wüthendsten Feind
sah. Nichts verletzt ein Weib mehr als rücksichtslose Gleich=
gültigkeit. Nichts kränkt ein Weib, das gewohnt ist, an=
gebetet zu werden als eine Göttin, als wenn ein Einziger
sie nur wie ein Weib behandelt.

Clooß hat es gethan. Doch nicht Mad. Roland allein, viele Zeitgenossen, die über ihn sprechen, werfen ihm Schmaroßerei vor und gemeine Genußsucht an gutem und vielem Essen. Die Histoire parlementaire von Buchez und Roux herausgegeben, enthält (B. 24. 461) ein Spott= lied auf die Jakobiner, in welchem die hervorragendsten Mitglieder derselben einer schneidenden Kritik unterworfen wurden. Unter ihnen trifft der bitterste Hohn Anacharsis. Ich gebe die Strophe in freier Uebersetzung:

> Doch seht, wer folgt sodann im lustgen Tanze?
> Das ist Clooß der Universelle,
> Der Spion, die Schmarotzerpflanze
> Vom Volke Israels ein Geselle.
>
> Ein gut Diner, ruft er, ich bin es, der es ißt!
> Flugs eilt, mir es zu geben.
> Von dessen Tisch ich nicht kann leben
> Der ist für mich ein Föderalist.

Die guten Diners und die gleiche Gesinnung verbanden Clooß nach dem Sturz der Girondisten auf das Innigste mit Hebert, seinem graden Gegentheil nach Gedanken und Charakter, seinem zweiten Ich nach Absicht und Wünschen. Hebert, der Père Duchesne, der bug ... patriotique père Duchesne war ein freundlicher gutmüthiger Mann im gesellschaftlichen Verkehr. Gastfrei mit dem Gelde, das ihm aus den Staatskassen zuströmte, sah er all seine Freunde und Bekannten mit zutraulichem Behagen um seine Tafel versammelt. Auf den Straßen, dem Volk gegenüber ahnte man diesen Charakter nicht. Seine Sprache triefte von Blut und Koth, seine politische Leidenschaft fletschte die Zähne gegen alles, was Gut und Edel und in wahnsinniger Wuth begeiferte er, was besser war als das Elendste und Gemeinste.

Clootz, der Baron mit einer Rente von 100,000 Liv. schmarotzte an den Tischen seiner Bekannten, war allen widrig und unangenehm im persönlichen Verkehr, aber trug stolz das Haupt, wenn er die Rednerbühne bestieg und nur im Wunsche, das Menschengeschlecht glücklich und frei zu machen, ging das wilde Roß seiner Phantasie mit dem Reiter durch. Nicht vom Menschen, vom Politiker und Revolutionär konnte er selbst sagen: „Mir hat die Natur das Gefühl der Scham, der Zärtlichkeit, der Frömmigkeit und des Mitleids gegeben! ... Die Natur müßte in mir erstickt werden, wenn ich dem Nächsten die Früchte seiner Arbeit oder seiner Väter Arbeit entreißen, wenn ich eine Familie in Trauer stürzen sollte."

Und dennoch fanden sich diese beiden so verschiedenen Menschen, weil der Grund ihres Herzens und Geistes kein reiner war. Bei dem einen war es die Unwissenheit, bei dem andern die Verkehrtheit des Wissens, welche ihn trübte. Nach dem Sturz der Gironde traten sie als die Führer des Pöbels, geschützt von der allmächtigen Gemeindeverwaltung von Paris und Chaumette dem Prokurator derselben, für wenige Tage in den Vordergrund der Ereignisse. Aber je höher ihre Wichtigkeit stieg, desto mehr zürnte Robes-

pierre, je mehr ihre Bedeutung ihn zu verdunkeln drohte,
desto glühender wurden seine Gedanken der Rache. Der
wahnsinnige Skandal mit dem Festzug der Göttin der Ver=
nunft, die Entartung, in welche dieser Götzendienst das
ganze Volk zu stürzen drohte, gaben ihm, dem Manne der
Tugend, die geeignetsten Waffen in die Hand. „Wir haben
keinen andern Fanatismus zu fürchten," rief er am andern
Tage den Jakobinern zu, „als den jener unmoralischen
Menschen, welche von den fremden Höfen erkauft sind, um
den blinden Wahnsinn bei uns zu erwecken und unserer
Revolution den Anstrich der Immoralität zu geben." Die
Worte waren gegen Clootz gerichtet und Clootz schwieg.
Er hörte den Beifall, den man dem Redner zollte, er hörte
das Hohngelächter und den Spott, der ihm „dem Spion,
der Schmarotzerpflanze" nachfolgte. Und schon im Dezem=
ber 1793 wagte Robespierre einen zweiten Angriff. Noch
einmal antwortete Clootz, treu seinem Glauben, als er in
der Jakobinersitzung des 16. Dezembers aufgerufen wurde,
sich über sein Verhalten zu rechtfertigen, noch einmal ant=
wortete er mit seiner Philosophie: „Ich bin aus Preußen,
dem zukünftigen Departement der französischen Republik."
Es war vergebens! Robespierre sprach und Robespierre
wurde jetzt allein gehört. „Können wir," rief er aus,
„einen deutschen Baron als Patrioten ansehen und einen
Mann mit 100,000 Liv. Rente für einen guten Sanskü=
lotte halten?" Und nun verleumdete er ihn als Spion,
welcher sich den fremden Mächten verkauft hat und schilderte

seine Grundsätze als verderblich dem französischen Volke. Und als Robespierre erzürnt klagte, daß ein solcher Mann selbst hier unter den Jakobinern herrschen könne, da erbleichte Clooß und verließ den Präsidentensitz, den er an dem Tage selbst inne hatte, an dem sein Urtheil gesprochen wurde.

Wenige Monate nach diesem Ereignisse, am 19. März 1794 wurde er mit der ganzen Partei Heberts ge= fangen genommen. Robespierre hatte sich mit Danton verbunden, um sie zu stürzen, sowie er sich mit Clooß und Hebert einst verband, um die Girondisten zu vernichten. Gegen den letzten Feind, der ihm nach dem Sturz dieser wilden Parteigenossen noch übrig blieb, gegen Danton, Ca= mille und ihre Freunde fühlte er sich allein stark genug. Dafür brauchte er keine Gehülfen und hätte auch keine mehr gefunden. Der Krieg an den Grenzen des Reichs ward unglücklich geführt und die Schuld gab man dem Ver= rath, dem Verrath der Royalisten und der Fremden. Ihn gänz= lich von der Erde zu vernichten, die Freiheitsliebe zu erhal= ten und zu nähren, hatte man die „heilige" Guillotine errich= tet und das Revolutions=Tribunal überlieferte ihr die Arbeit.

Wenige Tage nach ihrer Gefangennahme, schon am 21. März wurden die Verbrecher gegen die Nation, wie jenes undefinirbare Mittel des Strafgesetzes der Republik hieß, vor die Schranken des furchtbaren Gerichtshofes ge= führt. Dumas präsidirte, Fouquier Tinville war öffent= licher Ankläger, Richter und Geschworne waren „Gevatter Schneider und Handschuhmacher." Den Muth, den Clooß,

von der kreischenden Stimme Robespierre's erschreckt, ver=
loren hatte, fand er vor diesem gemeinen und schändlichen
Gerichtshof und im Angesicht des Todes wieder. Neben
dem weinenden und zitternden Hebert, neben dem stumpfen
und frechen Vincent und Ronsin stand Clootz stolz und
muthig und sah mit Verachtung auf seine Henker nieder.
„Dein System der allgemeinen Republik," schrie ihm der
Geschworne Renaudin zu, „war eine tiefgedachte Schändlich=
keit und gab einen Vorwand der Coalition zum Krieg
gegen Frankreich." „„Die allgemeine Republik,"" antwor=
tete Clootz, „„liegt im System der Natur. Ich sprach
davon, wie der Abbé St. Pierre vom allgemeinen Frieden.
Man kann mich übrigens nicht verdächtig machen, ein Ge=
nosse der Könige zu sein und es wird einst außerordentlich
klingen, daß der Mann, den man in Rom verbrannt, in
London gehenkt, und in Wien gerädert, daß dieser Mann
in Paris geköpft worden ist."" Das war seine einzige
Vertheidigung und als Dumas nach Wiederholung des, gegen
alle Feinde von Robespierre ausgedachten Unsinns einer Kö=
nigsverschwörung ihn und seine 18 Genossen verurtheilte,
rief er stolz und muthig auf dem Weg zum Gefängniß: „Ich
appellire an das Menschengeschlecht. Mit Wollust werde ich
den Giftbecher leeren!" — Zwei Tage darnach mit seinen
Genossen auf das Schaffot geführt, bat er den Henker, ihn
zuletzt zu richten, „damit er," wie man spottend sagte, „noch
einige Grundsätze über das Glück des Menschengeschlechts
ausdenken könne, während seine Freunde geköpft würden."

Mit furchtbarer Schnelligkeit fielen die Köpfe des 35jährigen Heberts, des 38 Jahre alten Momoros; es folgte Vincent, der kaum 27, der Banquier Kock, der 28 Jahre zählte; dann Ronsin und die übrigen Mitschuldigen. Ein Augenblick noch und auch die Zunge, die dem Menschengeschlecht geweiht, ward stumm für alle Ewigkeit. Ehe Clootz sein Haupt senkte, grüßte er nach rechts, links und nach vorn die Guillotine. Man sagte darnach: Saluer à la Prussienne, wenn man scherzend ebenso Jemand grüßte.

Die brausenden Wogen der Revolution schwemmten das Blut der Einen hinweg und färbten mit dem Blut tausend Anderer die Blätter der Weltgeschichte. Die Zeit aber, in der jene furchtbar großen Ereignisse die Welt beherrschten, kann, wenn sie von der Nachwelt die Thaten wägen und richten läßt, auch dem Manne, dessen Wirken und Denken wir geschildert haben, das traurige aber sichere Verdienst gönnen, das er selbst als einzigen Lohn von ihr forderte: „Ich zweifle nicht, daß die Franzosen einst auf mein Grab schreiben werden: dieser Vandale war unserer Revolution sehr nützlich.“ Und das allein wollte ich mit diesem historischen Bilde sicherstellen und den Schleier auch von der Entartung einer Zeit emporheben, die, mehr oft als die Größe einzelner Personen, erziehen und aufklären kann.

anerkannt. Die Geschichtschreibung fand in dem Werke ein reiches Material für den Geist ihrer Forschung und Darstellung, die Rechtswissenschaft eine Ergänzung für die Erkenntniß des Geistes der Gesetze des 19. Jahrhunderts. Politik und Staatsweisheit werden immer in ihm eine Quelle erkennen, aus der gar manches tiefernste Ereigniß, manch inhaltsschwerer Gedanke der neuen Zeit floß. Eine klare und einfache Darstellung machen das Werk, daß nicht nur für den Gelehrten und die großen Bibliotheken geschrieben sein soll, für Jedermann zu einer in jeder Beziehung an Belehrung reichen Lektüre.

Der Zweite Band ist unter der Presse und wird in nächster Zeit erscheinen.

―――――――